Fiona Kelly
Ferien im Lake District

Fiona Kelly

Mystery Club Band 13

Ferien im Lake District

Aus dem Englischen
von Simone Wiemken

Ravensburger Buchverlag

Mit besonderem Dank an Jenny Oldfield für all ihre Hilfe

Die Deutsche Bibliothek – CIP-Einheitsaufnahme
Kelly, Fiona:
Mystery-Club / Fiona Kelly. –
Ravensburg: Ravensburger Buchverl.
Bd. 13,Ferien im Lake District /
aus dem Engl. von Simone Wiemken. – 1998
  ISBN 3-473-34563-6

4 3 2 1   01 00 99 98

© 1998 der deutschen Ausgabe: Ravensburger Buchverlag
Die englische Originalausgabe erschien 1995
unter dem Titel „The Mystery Club - Fatal Fall"
bei Hodder Children's Books, London
© 1995 Ben M. Baglio
Umschlagillustration: Max Schindler
Redaktion: Jutta Weidemeyer
Gesamtherstellung:
Graphischer Großbetrieb Pößneck GmbH
Printed in Germany

Papier aus chlorfrei gebleichtem Zellstoff

ISBN 3-473-34563-6

1
Abenteuerferien

„Ich hasse Höhen!", stöhnte Belinda Hayes. Sie klammerte sich an einen Ast und kniff die Augen fest zu. Über ihr ragte nur noch der glatte graue Fels des Butterpike-Berges steil in die Höhe, und tief unter ihr funkelte ein lang gestreckter See blau und silbern in der Sonne.

„Tracy, warte! Belinda kann nicht mehr!", rief Holly Adams. Sie warf ihrer durchtrainierten blonden Freundin einen bedeutsamen Blick zu. Tracy Foster hatte die Felswand schon zur Hälfte bewältigt. Mit ihren langen Beinen und ihrem ausgezeichneten Gleichgewichtssinn war sie wie geschaffen für diese Abenteuerferien in Butterpike Hall. Tracy konnte klettern, sie konnte schwimmen, und sie lief allen Mitschülern ihres Jahrganges an der Winifred-Bowen-Davies-Schule davon. Belinda allerdings hasste außer Reiten jegliche Art von Sport. Sie saß am liebsten vor dem Fernseher und aß Eiskrem.

„Hier!" Holly seufzte und reichte Belinda die Hand. „Halt dich an mir fest. So ist es gut. Sieh doch, es ist gar nicht so steil. Dir kann gar nichts passieren, also komm schon!"

„O-o-oh!", stöhnte Belinda, ließ aber doch den Ast los

und kletterte zu Holly auf den Felsvorsprung. „Warum habe ich mich bloß dazu überreden lassen?", keuchte sie.
Holly grinste und atmete die frische, klare Luft tief ein. „Weil es gut für dich ist."
„Oh nein, das ist es bestimmt nicht. Ich bin allergisch gegen Sport, abgesehen natürlich vom Reiten, und ich hatte gehofft, dass es hier eine Möglichkeit dazu gibt. Aber das wird wieder nicht angeboten!" Belinda riskierte einen kurzen Blick in die Tiefe und hatte eine wundervolle Aussicht auf die hügelige Landschaft des Lake Districts. Sie schluckte und krallte sich in Hollys T-Shirt. „Sag es mir noch einmal. Was bitte mache ich hier?"
„Also gut. Du bist hier, weil wir ein Team sind: du, Tracy und ich – der Mystery Club. Wir halten zusammen, und deswegen bist du hier!" Holly machte es immer viel Spaß, ihre Freundin zu ärgern.
„Ach, ja. Natürlich." Belinda nickte. „Das war mir aus irgendeinem Grund entfallen!" Sie sah zu Tracy hinüber, die wie eine Bergziege auf einem Vorsprung zwanzig Meter über ihnen hockte. „Ich muss verrückt sein!", stieß sie hervor und kniff schnell die Augen zusammen.
Holly lachte. An diesem Tag hatte sie ihr dunkelblondes Haar zu einem Pferdeschwanz zusammengebunden, damit es ihr nicht im Weg war. Ihre grauen Augen funkelten. „Betrachte es doch einfach als eine zusätzliche Ferienwoche", riet sie. „Keine Schule, keine Hausaufgaben. Das ist doch himmlisch!"
Belinda war nicht überzeugt. „Da schreibe ich lieber

jeden Tag eine Geschichtsarbeit!" Sie riskierte einen Blick durch ihre Finger. „Wie macht Tracy das bloß?", stöhnte sie.

„Kommt schon, ihr beiden!", rief Tracy von ihrem Vorsprung herunter. „Von hier kann man irre weit sehen, sogar das Herrenhaus, den See und das Dorf. He, da sind sogar Boote und Windsurfer! Es ist einfach toll!" Ihr kurzes, blondes Haar war vom Wind zersaust, und die Sonne schien ihr ins Gesicht.

„Vielleicht sollten wir zurückgehen", schlug Holly vor. „Wir können nachher noch alles erkunden. Denkt daran, dass vor dem Mittagessen eine Besprechung im Spieleraum stattfindet." Sie sah auf ihre Uhr. Es war halb zwölf.

„Ja!", sagte Belinda. „Wir sollten wirklich gleich zurückgehen. Wie schade, jetzt müssen wir bis morgen warten, bevor wir wieder unseren Hals riskieren können! Aber wir wollen die Besprechung schließlich nicht verpassen!" Sie zerrte an Hollys T-Shirt. Ihre Knie waren weich, und ihre Beine fühlten sich an, als wären sie aus Gummi.

Belinda stöhnte innerlich, als ihr bewusst wurde, dass dies der erste Vormittag ihrer einwöchigen Ferien war. Fünfzig Schüler der Winifred-Bowen-Davies-Schule hatten sich für diese Abenteuerferien angemeldet, doch nur dreißig hatten das Glück gehabt, ausgewählt zu werden. Sie würden die nächsten Tage damit verbringen zu lernen, wie man Wildwasser befuhr, mit Kompass und Karte umging, surfte und natürlich wie man Berge bestieg. Das Ferienlager wurde von einem Team gut ausgebildeter Gruppenleiter betreut. Jedes Jahr im Frühsommer kam eine Schülergruppe aus Willow Dale in den Lake District, um sich in diesen Sportarten zu versuchen.

„Wir werden Ärger bekommen, wenn wir uns verspäten", drängte Belinda. „Tracy, warum kommst du nicht von diesem Berg herunter?" Sie wagte noch immer kaum, zu ihrer Freundin aufzusehen.

„Das ist doch kein Berg. Es ist ein besserer Hügel." Tracy kletterte hinunter auf den Vorsprung, auf dem ihre Freundinnen standen. „Du solltest die Rockies bei uns zu Hause sehen. Das sind richtige Berge!" Sie lachte, sprang die letzten paar Meter abwärts und kam mit gespreizten Beinen sicher zum Stehen.

„Nein, danke", murmelte Belinda. „Die sehe ich mir höchstens im Fernsehen oder auf Video an."

„Du alter Faulpelz!", spottete Tracy. Leichtfüßig machte sie sich an den Abstieg über die losen Schieferplatten.

„Das ist das Netteste, was du heute zu mir gesagt hast", bemerkte Belinda. Sie folgte Tracy deutlich langsamer. Die Ärmel ihres verblichenen grünen Sweatshirts waren aufgerollt bis zum Ellenbogen, und das lange, strähnige Haar wehte ihr ins Gesicht.

Holly achtete nicht auf die Zankerei ihrer Freundinnen und hing ihren eigenen Gedanken nach. „Tracy hat Recht, es ist toll hier", dachte sie. „Eine Woche lang kein Jamie, der mir auf die Nerven geht!" Ihr fiel der Abschied von ihrem noch ziemlich verschlafenen Bruder und ihren Eltern an diesem Morgen vor der Haustür ein. „Keine häuslichen Pflichten. Keine Verantwortung." Was konnte schöner sein als eine unbeschwerte Woche mit Segeln und Radfahren?

Auf dem Weg durch den Eichenwald, der Butterpike Hall umgab, freute sie sich richtig auf diese Ferien, die sie mit ihren zwei besten Freundinnen verbringen durfte. „Jetzt fehlt nur noch ein schöner neuer Fall, damit unsere Gehirne nicht einrosten", dachte sie laut. Die drei überquerten gerade den Rasen vor dem alten Herrenhaus aus Stein mit seinen spitzen Giebeln und schmalen Fenstern.
Tracy sah sie überrascht an. „Das wäre toll! Vielleicht ein verborgener Schatz?" Sie schaute zum Obergeschoss des Herrenhauses hinauf. Das Anwesen lag tief im Wald, und mit seinen vielen unbenutzten Zimmern und dem uralten, schadhaften Mauerwerk war es der ideale Ort für einen verborgenen Schatz. Butterpike Hall war ursprünglich in Privatbesitz gewesen, doch jetzt gehörte es der Schulbehörde, die daraus ein Zentrum für Abenteuerferien gemacht hatte. Zahlreiche Klassen hatten hier schon Ferienwochen unter der Aufsicht von erfahrenen Bergsteigern, Kartenkundigen und Seglern verbracht.
„Wie wäre es mit einer Leiche im See?", schlug Belinda vor. Jetzt, wo sie wieder ebenen Boden unter den Füßen hatte, war sie so unbekümmert wie immer. „Oder einer alten Karte in einem der Bücher in der Bibliothek? Ihr wisst schon, eine Karte, die uns zu einem vergrabenen Schatz führt!" Ihre Augen funkelten hinter den Gläsern ihrer metallgefassten Brille.
„Das hatten wir doch schon!", erinnerte Holly sie. Im ersten Fall, den die drei gelöst hatten, nachdem Holly von London nach Yorkshire gezogen war, hatten sie Hinweise entschlüsseln müssen, die in einem alten Öl-

gemälde versteckt waren. „Nein, wir brauchen etwas Neues!" Sie sah den steinernen Löwenkopf, der über der Eingangstür hing, erwartungsvoll an.

„Vielleicht Schmuggel mit unbezahlbaren Antiquitäten?" Tracys Fantasie arbeitete auf Hochtouren.

Das Herrenhaus war noch immer so möbliert wie zu seiner Glanzzeit. In der Eingangshalle gab es getäfelte Wände, eine alte Standuhr und einen riesig langen Eichentisch, der in Richtung Spieleraum zeigte.

„Was habt ihr gegen eine Leiche im See?", fragte Belinda. „Schließlich sind wir hier in einem Seengebiet. Was gibt es Spannenderes als eine Leiche, die jahrhundertelang in den Tiefen eines Sees gefangen war? Plötzlich kommt sie unter einem Felsen hervor und treibt in einer Mondnacht an die Oberfläche!"

„Schön gruselig!", sagte Tracy. „Es ist das Skelett einer Frau, die nur noch eine goldene Kette um den Hals trägt, an dem ein Medaillon mit einer Botschaft an eine längst verlorene Liebe hängt!"

Holly hatte das Gefühl, dass dies allmählich zu weit führte. „Kommen Skelette eigentlich an die Oberfläche?", fragte sie sachlich und warf durch das hohe Fenster mit dem rautenförmig gemusterten Glas einen Blick auf das Ufer und den dahinter liegenden See.

„Das ist eine gute Frage", musste Tracy zugeben. „Aber es ist ja auch egal."

Sie setzten sich neben ihre Mitschüler auf eine Bank im Spieleraum. Der Billardtisch in der Mitte des Raums war mit einem hellen Tuch abgedeckt, und Jo Thomas, die Leiterin des Zentrums, breitete Karten und Broschüren darauf aus. Hinter ihr standen die Gruppenleiter und unterhielten sich. Unter ihnen war auch ein gut aussehender, großer und durchtrainierter Mann von Ende zwanzig.

„Spionage?", flüsterte Belinda.

„Was?" Holly riss die Augen auf.

„Industriespionage. Leute, die millionenschwere Geheimnisse stehlen. Gibt es hier in der Gegend nicht irgendwo ein Kraftwerk?"

„Ja, schon, aber ich fürchte, so etwas ist eine Nummer zu groß für uns", bemerkte Tracy. „Wir wollen schließlich einen Fall, den wir selbst lösen können."

Steffie Smith hatte sie gehört. „Gebt ihr drei nie auf?", fragte sie. Steffie war die Herausgeberin von *Winformation*, der Schülerzeitung. Holly war ihre Stellvertreterin, und Steffie freute sich über jeden spannenden Bericht über die Erlebnisse des Mystery Clubs. Doch sogar sie hatte bei ihrer Abreise beschlossen, einmal auszuspannen und die Schülerzeitung eine Woche lang zu vergessen.

„Nein, und das ist dir auch sehr recht, nicht wahr?", konterte Holly grinsend. „Womit solltest du sonst deine Seiten füllen?" Sie wusste, dass der Mystery Club Steffie mit den besten Berichten für ihre Zeitung versorgte.

Steffie lächelte. „Ihr habt diese Woche so viel damit zu tun zu lernen, wie man sich abseilt und durch Stromschnellen saust, dass ihr gar keine Zeit habt, einen neuen Fall zu finden, geschweige denn, ihn zu lösen", betonte sie.

Belinda schauderte. „Bitte sprich nicht davon!" Bei dem Gedanken an so viel sportliche Betätigung wurde ihr ganz schlecht. „Vielleicht sollte ich zu Hause anrufen und eine mysteriöse Krankheit vortäuschen, damit ich

von hier verschwinden kann. Seht euch doch nur um. Hier wimmelt es nur so von Leuten in Shorts, die braun gebrannte, kräftige Beine haben und Kompasse und Stoppuhren um den Hals tragen!" Außer der Winifred-Bowen-Davies-Schule hatten noch zwei andere Schulen ihre Schüler hergeschickt. Ingesamt waren knapp hundert Kinder und etwa ein Dutzend Gruppenleiter zu dieser ersten Besprechung gekommen.
Jo Thomas trat vor, um ihre Begrüßungsansprache zu halten. Doch Tracy musste unbedingt noch etwas zu Steffie sagen. „Ob du es glaubst oder nicht", flüsterte sie, „hier draußen, in diesem gruseligen alten Haus in dieser verlassenen Gegend finden wir garantiert einen schönen spannenden Fall."
„Und wenn er aus der Wand gekrochen kommt!", bestätigte Holly.
„Psst!", warnte Belinda. Dann seufzte sie. „Ich schätze, es war falsch, auf eine schöne ruhige Woche ohne Aufregungen zu hoffen."
Tracy und Holly lachten. Sie kannten Belinda zu gut. Sie entschlüsselte genauso gern Hinweise wie ihre Freundinnen, aber sie würde es nie zugeben.
„Ich halte die Titelseite für euch frei!", versprach Steffie, ebenfalls lachend, und in diesem Augenblick begann Jo mit ihrer Ansprache über Sicherheitsregeln und angebotene Kurse.
„Wir können euch keine geruhsame Woche versprechen", warnte sie. Jo war eine große, schlanke Frau mit langem, kastanienbraunem Haar und einem freundlichen Lächeln.
Holly hörte, wie Belinda erneut seufzte.

„Wir erwarten, dass ihr euch sowohl körperlich als auch geistig immer wieder zu Höchstleistungen motiviert. Ihr werdet euch jeden Tag neuen Herausforderungen gegenübersehen. Und auf einen Berg zu steigen, ist harte Arbeit, das dürft ihr mir glauben!"
Belinda entschlüpfte ein weiteres Stöhnen.
„Aber wir wollen natürlich auch, dass ihr Spaß habt!", versicherte Jo Thomas den Anwesenden mit einem Lächeln. „In dieser Woche geht es nicht nur um Kampfgeist und Entschlossenheit, sondern auch um Teamarbeit und gegenseitige Hilfe. Es geht um das Hochgefühl, das man hat, wenn man einen Berg bezwingt. Natürlich werden wir auch für eure Unterhaltung sorgen: Ein paar Mal ist Disko, wir machen einen Grillabend, und ihr könnt alle Spiele und Geräte in diesem Raum benutzen." Sie betrachtete einen Moment lang die eifrigen Gesichter und beendete dann ihre Ansprache. „Unser wichtigstes Ziel ist es, dass euch diese Woche für den Rest eures Lebens in Erinnerung bleibt!"
„Ich fürchte, dass diese Woche der Rest meines Lebens sein wird", flüsterte Belinda Holly und Tracy zu. „Wie schafft ihr es bloß immer wieder, mich zu so etwas zu überreden?"

2
Der Ausreißer

„An eurem ersten Tag wird es nicht allzu schwer", versprach Mike Sandford. Nach Jos Ansprache hatten sich die Jugendlichen in etwa ein Dutzend Gruppen aufgeteilt, die jeweils von einem Erwachsenen geführt wurden. Sie standen draußen in der Nachmittagssonne und warteten schweigend auf ihre Aufgaben.
Holly, Tracy und Belinda hatten sich für die Gruppe entschieden, die von dem großen, gut aussehenden Mann mit dem kurzen braunen Haar, der fantastischen Sonnenbräune und dem netten Lächeln geleitet wurde. Doch falls eine von ihnen gehofft hatte, dass er sie sicher nicht allzu sehr strapazieren würde, wurde sie schnell eines Besseren belehrt, als er ihnen erklärte, was sie tun sollten.
„Nichts übermäßig Anstrengendes", fuhr er dann fort. „Euren Anmeldeformularen konnte ich entnehmen, dass ihr bei der Frage, ob ihr Mountainbike fahren könnt, alle Ja angekreuzt habt." Er betrachtete die sechs Mitglieder seiner Gruppe; neben Holly, Tracy, Belinda und Steffie waren es Mark Wright und Ollie Swain, zwei Jungen aus der achten Klasse. „Sehr gut. Wir machen eine Radtour auf den Berg und folgen dabei dem

Pfad von hier nach dort." Er zeigte es ihnen auf der Karte. „Keine Sorge, ich fahre hinten und passe auf, dass niemand verloren geht. Die Steigung beträgt auf der gesamten Strecke fast zehn Prozent. Das bedeutet, dass ihr auf zehn Metern Weg einen Meter an Höhe gewinnt, verstanden?"
Belinda war schockiert. „Sie erwarten, dass wir mit dem Fahrrad auf diesen Berg fahren?" Es war dieselbe Strecke, die sie bei ihrem Erkundungsgang am Morgen gegangen waren.
„Keine Angst, dich bekommen wir auch noch fit", versprach Mike. Er trug ein weißes Polohemd locker über schwarzen Shorts und dazu teure Turnschuhe. Die Gruppe folgte ihm zum Fahrradschuppen, jeder suchte sich ein Rad aus, und die Tour begann auf einem Reitweg.
Belinda murrte zwar, doch sie schloss sich als Letzte der Gruppe an. Holly und Tracy radelten voraus. „Wenn dies ein netter kleiner Ausflug sein sollte", dachte Belinda, „was würde dieser Mike Sandford dann als schwierig bezeichnen?" Ihre Beine schmerzten, dabei hatte die Radtour gerade erst begonnen. „Warum können wir nicht langsam und gemütlich zu Fuß hochsteigen und dann mit dem Rad wieder hinunterfahren?", rief sie Holly und Tracy zu.
„Spar deinen Atem!", war Tracys Antwort. „Ich schätze, dass du ihn noch brauchst!"
„Du schaffst es!", feuerte Holly sie an.
Sie folgten dem gewundenen Triftweg den Hügel hinauf – eine lang gezogene Reihe von Fahrrädern, die sich über den Hang verteilten.

„Das ist richtig. Nimm einen kleinen Gang." Mike wartete auf Belinda. „Lass dich von den losen Steinen nicht verunsichern. Diese Fahrräder sind für solche Wege gebaut. Mark, pass auf die Traktorspuren auf! Fahr weiter links!"
Mark Wright, ein freundlicher, kräftiger Junge, befolgte die Anweisungen.
„Tracy, du musst lernen, deine Kräfte einzuteilen", wies Mark sie an. „Wenn du schon am Anfang ein solches Tempo vorlegst, bleibt dir nicht mehr genug Kraft für den Gipfel!"
Tracy verlangsamte ihre Fahrt. Die Steigung und der unebene Boden machten sogar ihr zu schaffen.
„Sehr gut, Holly. Du kannst jetzt hochschalten. Die nächsten Meter sind nicht so steil." Mike feuerte sie alle an. Holly freute sich über jedes Lob, obwohl ihre Beine schmerzten und jeder Atemzug wehtat. Selbst Belinda gefiel Mikes Art, und sie war entschlossen, bis zum Gipfel durchzuhalten. Der kühle Wind, der knapp unterhalb der Hügelkuppe wehte, tat ihr gut.
Holly atmete schwer, als sie hinter Tracy die Kuppe erreichte. Die beiden warteten, bis Belinda zwei Räder überholt hatte und bei ihnen ankam. Dann standen die drei neben ihren Mountainbikes und genossen die Aussicht. Vom Gipfel des Butterpike-Berges, den sie an diesem Tag schon einmal bestiegen hatten, hatte man einen guten Blick auf die Täler und Seen. Sie fühlten sich, als stünden sie auf dem Dach der Welt.
„Gut gemacht", lobte Mike sie alle. „Ich bin beeindruckt. Jetzt weiß ich, dass wir uns für heute Abend etwas Schwierigeres vornehmen können."

„Bergab fahren zum Beispiel?", vermutete Belinda, immer noch außer Atem. Ihr Herz schlug bis zum Hals, und obwohl sie froh war, nicht aufgegeben zu haben, hoffte sie doch, dass die von Mike geplante Abendbeschäftigung nicht wieder ihre Beinmuskeln strapazieren würde.
Mike schüttelte den Kopf. „Du gibst doch wohl nicht auf, Belinda?" Er lächelte. „Immerhin hast du die Jugend auf deiner Seite."
„Wer sagt das?", knurrte Belinda.
„Nehmen Sie sie nicht ernst", empfahl Tracy Mike. „In Wirklichkeit macht es ihr großen Spaß!"
„Nein, das tut es nicht!" Belinda legte die Unterarme auf die Lenkstange und versuchte, wieder zu Atem zu kommen.
„Ihr habt noch Glück", sagte Mike. „Ich war gerade mit einer Gruppe von Erwachsenen auf Safari in Kenia. Einige von ihnen waren weit über vierzig, und sie haben die Hitze gar nicht gut vertragen, das könnt ihr mir glauben!"
„Können wir trotzdem eine Pause machen?", keuchte Belinda unbeeindruckt.
„Meinetwegen. Zugegeben, sie brauchten keine Berge hinaufzuradeln", fuhr er fort. „Wir haben uns nur das Großwild in den Reservaten angesehen und sind dann mit dem Boot zurückgefahren. Alles ganz harmlos und zivilisiert."
„Irre!" Tracy hörte sich neidisch an. „Wie sind Sie an so einen Job gekommen? Ich wette, dass Sie schon überall in der Welt waren!"
„Nun, in ein paar Ländern schon", sagte Mike beschei-

den. „Letztes Jahr habe ich in Südamerika gearbeitet, und nach Butterpike Hall werde ich nach Kanada gehen."

„Das klingt nach einem aufregenden Leben", stellte Tracy fest. Der Gedanke an fremde Länder und körperliche Herausforderungen begeisterte sie.

„Wer weiß, ob du am Ende dieser Woche immer noch so denkst", sagte Mike lachend. „Ich vermute eher, dass du darum betteln wirst, den Rest deines Lebens mit hoch gelegten Füßen vor dem Fernseher verbringen zu dürfen!"

„Niemals!", protestierte Tracy und stieg wieder auf ihr Rad, bereit, den Butterpike-Berg hinunterzufahren.

„Ich bin ganz Ihrer Meinung!", stimmte Belinda Mike zu. „Aber Sie müssen wissen, dass man nie zu wichtigen Dingen wie etwa Fernsehen kommt, wenn die beiden in der Nähe sind!" Sie deutete auf Holly und Tracy und schwang sich dann stöhnend wieder auf den harten Fahrradsattel.

„Wieso denn das?", fragte Mike, nachdem die Gruppe sich wieder in Bewegung gesetzt hatte. Er balancierte geschickt mit dem Rad über die Unebenheiten auf dem Weg.

„Wir haben eine Art Club gegründet", erklärte sie. „Wir sind alle drei verrückt nach Krimis und haben uns vorgenommen, welche zu lesen und dann darüber zu sprechen, doch irgendwie führt das immer wieder dazu, dass wir in echte Kriminalfälle verwickelt werden."

„Tatsächlich?" Mike klang amüsiert. „Dann seid ihr richtige Detektivinnen?"

Belindas Rad prallte gegen einen Stein und geriet be-

drohlich ins Schwanken. „Sie wären überrascht", sagte sie. Dann begann sie, von den Fällen zu erzählen, die der Mystery Club bisher gelöst hatte. Mike sah Holly und Tracy, die vor ihnen geschickt den Berg hinunterfuhren, erstaunt nach.
„Belinda scheint sich mit Mike gut zu verstehen", sagte Holly nach einem kurzen Blick über ihre Schulter.
„Wahrscheinlich will sie sich nur bei ihm einschmeicheln, damit er nichts Anstrengendes mehr von ihr verlangt!", spottete Tracy.
Während die beiden sich unterhielten, kamen sie an eine Stelle, an der der Triftweg eine schmale Straße kreuzte. Die beiden hielten an, um ein blaues Auto vorüberfahren zu lassen. Plötzlich wurde die hintere Tür aufgestoßen, und einer der Mitfahrer rollte über den Seitenstreifen.
„Pass auf!", brüllte Holly Belinda zu, die von hinten angefahren kam. Ein Junge, der etwa in ihrem Alter war, sprang auf, und das Auto kam schlitternd zum Stehen.
„Irre!" Tracy beobachtete, wie der Junge den Berg hinaufrannte. Er kam direkt auf sie zu. Zwei Männer sprangen aus dem Auto, schlugen die Türen zu und nahmen unter viel Geschrei die Verfolgung auf.
„Was sollen wir tun?", fragte Belinda.
„Wir können hier nicht einfach stehen bleiben!", entschied Holly blitzschnell. Ohne zu wissen, was eigentlich los war, wendete sie ihr Rad und begann querfeldein hinter dem Jungen herzufahren.
„Haltet ihn!", rief einer der Männer. „Lasst ihn nicht entkommen!" Doch der Junge war fit. Sein Vorsprung wurde immer größer.

„Warum? Was hat er getan?" Tracy wartete ein paar Sekunden, bis die Männer in ihrer Nähe waren.
„Er ist geflohen." Einer der Männer war stehen geblieben. Sein grauer Anzug und die schwarzen Straßenschuhe waren ohnehin nicht die richtige Kleidung für einen Geländelauf. Er hatte Übergewicht und eine Glatze. „Wir wollten ihn in ein Heim für schwer erziehbare Jungen in Kendal bringen, aber er ist uns entwischt!" Er rannte wieder los, obwohl er keine Chance mehr hatte, den Jungen einzuholen.
Der Junge war unheimlich schnell. Er rannte quer über einen Abhang voller lockerer, grauer Steine, die den Hang hinunterprasselten. Kurz darauf verschwand er hinter ein paar hohen schwarzen Felsen.
Mike Sandford war inzwischen bei Tracy angekommen.
„Vorsicht, Holly! Er ist ein entflohener Verbrecher!", rief Tracy.
Holly hörte sie, nickte und fuhr weiter. Dann ließ sie ihr Fahrrad liegen, um dem Jungen über den Geröllhang zu folgen. So konnte sie zumindest sehen, wohin er lief. Unter ihr kamen die Steine gefährlich ins Rollen, und sie griff hastig nach ein paar dürren Büschen. Hinter ihr mühte sich einer der Männer schnaufend den Berg hinauf. Der Junge war inzwischen längst außer Sicht.
Mike schaute zu Holly und dem Mann hinauf. „Ihr bleibt hier", befahl er Tracy, Belinda und den anderen Mitgliedern seiner Gruppe. „Nur für den Fall, dass es dort oben Probleme gibt." Er nahm zu Fuß die Verfolgung auf und durchquerte das erste Stück des Weges, ein Feld voller Heidekraut, in Rekordzeit.
Belinda sah Tracy an. Holly hatte einen großen Vor-

sprung vor den drei Männern und würde gleich aus ihrem Blickfeld verschwinden. „Du hast gehört, was Mike gesagt hat", sagte Belinda.
Die beiden dachten an Holly, die dort oben den Flüchtenden verfolgte. „Los, komm!", rief Tracy. „Wie Holly eben gesagt hat: Wir können hier nicht einfach stehen bleiben!"
„Aber Mike wollte, dass wir hier bleiben – oder habt ihr Lust, schon am ersten Tag Ärger zu bekommen?", mahnte Steffie. Doch Tracy und Belinda waren bereits losgespurtet und hielten auf die schwarzen Felsen zu, hinter denen Holly und der Junge verschwunden waren.

Hinter den Felsen legte Holly eine kurze Pause ein. Sie hörte Mike näher kommen und war froh darüber. Doch sie konnte den Jungen nirgendwo entdecken. „Wo ist er geblieben? Er kann sich doch nicht in Luft aufgelöst haben!", rief sie. Die Landschaft wurde zunehmend felsiger und der Berg immer steiler, doch der flüchtende Junge war nirgendwo zu sehen.
Mike suchte den Berghang ab. Ein einsames Schaf kletterte zwischen den Felsen herum und löste eine Lawine aus kleinen Steinen aus.
„Sehen Sie ihn?" Der andere Mann aus dem Wagen hatte sie eingeholt. Er hatte mittellanges blondes Haar, trug eine Brille mit runden Gläsern und war mit Jeans und Turnschuhen besser für die Verfolgung ausgerüstet.
Mike starrte weiterhin den Berg hinauf. „Nein." Es war, als würde der leere Hang ihn verspotten. Ein großer, grauer Vogel erhob sich von einem Busch und schwang sich in die Luft.

„Was hat er getan?", fragte Holly. Sie atmete in kurzen Stößen, folgte den Männern aber trotzdem bis auf den Gipfel. Dort angekommen musste sie feststellen, dass der Berg auf der anderen Seite fast senkrecht abfiel und dass sich an seinem Fuß ein See befand. Auf diesem Weg konnte der Junge auf keinen Fall entkommen sein.

„Einbruch und nun auch noch die Flucht", sagte der ältere Mann. „Du würdest ihn bestimmt nicht zu deinen Freunden zählen, das kannst du mir glauben!"

Holly rief sich noch einmal ihren ersten Eindruck von dem Jungen ins Gedächtnis, den sie gewonnen hatte, als er sich aus dem Wagen gerollt hatte. Er war schlank und dunkelhaarig und sehr beweglich, denn er war sofort aufgesprungen, nachdem er sich auf dem Grasstreifen abgerollt hatte. Sie hatte auch sein Gesicht gesehen. Er hatte dunkle Augen unter hochgezogenen Brauen und sah verzweifelt aus. Und nun war er verschwunden.

Mike drehte sich um, als er die Schritte von Belinda und Tracy hörte. „Ich hatte euch doch befohlen, an der Straße zu bleiben!", schimpfte er. „Aber jetzt werdet ihr alle drei hier warten. Das ist ein Befehl. Ihr kennt das Gebiet nicht; es ist zu gefährlich, wenn ihr weiterklettert."

Die drei nickten verlegen.

„Also gut. Kommen Sie, suchen wir weiter", sagte er zu den beiden Männern. „Ich vermute, dass er sich zwischen den Felsen dort drüben versteckt. Er müsste gerade genug Zeit gehabt haben, sie zu erreichen."

„Das denke ich auch." Der jüngere, blonde Mann kletterte auf die Felsen zu, die sich gegen den Himmel abhoben. Holly, Tracy und Belinda blieben stehen – von nun an waren sie nur noch hilflose Zuschauer.

Gerade als Mike die Felsen erreichte, sprang der Junge plötzlich hervor und begann, die steile Felswand hinaufzuklettern.

„Da!", schrie Tracy und zeigte auf den Jungen. Die Männer nahmen die Verfolgung wieder auf. „Ich glaube, dass sie ihn kriegen!", sagte sie zu Holly und Belinda. „Es kann nicht mehr lange dauern!"

„Drei gegen einen", murmelte Holly bedrückt. Sie konnte das Gesicht des Jungen nicht vergessen.

Tracy hatte den Jungen nicht aus den Augen gelassen und zeigte wieder auf ihn. „Seht doch!" Er stand auf einem Felsvorsprung, drückte seinen Rücken eng an die Felswand und starrte aufs Wasser hinunter.

„Er wird springen!", stieß Belinda entsetzt hervor.

Doch der Junge schaffte es, sich auf dem schmalen Vorsprung umzudrehen, und kletterte weiter.

„Er muss vollkommen verzweifelt sein", sagte Holly. Ihr Magen krampfte sich schmerzhaft zusammen, denn es war ihr unerträglich, nichts weiter tun zu können als nur zuzusehen.

„Er wird sich den Hals brechen, wenn er nicht aufpasst", sagte Belinda. Als die Männer ihm dicht auf den Fersen waren, sprang der Junge mit einem waghalsigen Satz über eine Felsspalte.

Plötzlich ertönte ein Schrei. Erst verschwand der Junge aus dem Blickfeld der Mädchen, und kurz darauf konnten sie auch die Männer nicht mehr sehen. Die drei hörten ein Schlittern, das Knirschen loser Steine, weiteres Geschrei und dann die Geräusche eines Handgemenges. Sie konnten einen kurzen Blick auf den Jungen werfen, sein blaues Hemd, sein Gesicht, dann nichts mehr. Lose

Steine prassselten über die Felsen und fielen dann lautlos in die Tiefe.
Belinda packte Tracys Arm. Ihr Gesicht war vor Angst verzerrt. „Jemand wird abstürzen. Ich weiß es!"
„Ganz ruhig!", flüsterte Tracy. Die drei schwiegen angsterfüllt. Eine Sekunde lang war alles ruhig und still.
„Wir müssen doch etwas tun können!" Holly rannte, ohne an Mikes Befehl zu denken, auf den Felsen zu, hinter dem die Rufe und Schreie wieder eingesetzt hatten.
Belinda und Tracy überlegten nur eine Sekunde. Wenn ihre Hilfe gebraucht wurde, konnten sie ebenso gut alle drei helfen.
Doch dann ertönte ein durchdringender Schrei, und sie blieben wie angewurzelt stehen. Sie schauten nach oben. Die Sonne war über den Berg gewandert, und die Felswand lag mittlerweile im Schatten. Doch sie hatten den Schrei gehört, das erneute Prasseln loser Steine, und sie sahen etwas Großes fallen.
Irgendetwas fiel von der Felswand. Etwas Graues mit ausgebreiteten Armen fiel und fiel. Danach herrschte Stille.
Holly spürte, wie ihr Herz aussetzte. Sie konnte ihre Augen nicht von dem Schatten abwenden, der wie in Zeitlupe fiel. Dann war ein Klatschen zu hören. Kreisförmige Wellen breiteten sich auf der Wasseroberfläche aus. Sie fühlte, wie ihr Herz wieder im gleichen schnellen Rhythmus wie vorher schlug, doch ihre Knie waren weich, und so setzte sie sich schnell auf den Boden und schlug die Hände vors Gesicht.
Der Körper war versunken, ohne eine Spur zu hinterlassen.

3

Suche unter Wasser

„Oh nein!" Belinda war die Erste, die nach dem Absturz ihre Stimme wieder fand.
„Er ist direkt in den See gefallen", sagte Tracy leise. Die drei sahen sich mit vor Entsetzen geweiteten Augen an, und das schockierende Erlebnis verband sie noch stärker miteinander als sonst.
„Konntet ihr sehen, wer es war?", flüsterte Holly.
Tracy schüttelte den Kopf. „Es ging zu schnell. Ich konnte nichts erkennen."
Belinda drehte sich zu den anderen Mitgliedern ihrer Gruppe um, die unten an der Straße neben dem blauen Auto auf sie warteten. „Holt Hilfe!", rief sie ihnen zu. „So schnell ihr könnt! Holt die Polizei. Und einen Rettungswagen!"
Sie beobachteten, wie sich Ollie auf sein Rad schwang und in Richtung Butterpike Hall davonraste. Steffie und Mark waren da geblieben und sahen zu ihnen hoch; sie warteten darauf, dass ihnen jemand erklärte, was passiert war.
„Ich fürchte, dass wir den Rettungswagen nicht mehr brauchen", sagte Tracy mit tonloser Stimme. Sie starrte aufs Wasser hinab, doch bis jetzt hatte sie niemanden entdecken können, der sich aus den Tiefen an die Ober-

fläche kämpfte. Der See schien den Unglücklichen verschluckt zu haben und war anscheinend nicht bereit, ihn wieder herzugeben.
„Es war nicht Mike – ein Glück! Seht doch!" Holly deutete erleichtert auf ihren Gruppenführer, der gerade aus dem Schatten der Felsen heraustrat. Sein Hemd war am Ärmel zerrissen und seine nackten Beine zerkratzt. Er rannte auf die Mädchen zu und befahl ihnen zurückzugehen.
„Wir können nichts mehr tun!", stieß er hervor. Er war vollkommen außer Atem und sah sich hektisch um.
„Wer war es? Wer ist abgestürzt?", fragte Holly. Sie sah einen der beiden Männer hinter den Felsen hervorkommen. Er hatte sein Jackett verloren, und das Hemd hing ihm aus der Hose. „Es war der Junge, nicht wahr?" Sie sah Mike fragend an, obwohl sie sich vor der Antwort fürchtete.
Er nickte. Er schnappte immer noch nach Luft und stützte sich auf Tracy.
Holly biss sich auf die Lippe. Was immer der Ausreißer getan hatte, es konnte nicht so schlimm gewesen sein, dass er dafür mit dem Leben bezahlen musste.
„Lasst uns hinuntergehen", sagte Mike. „Der andere Mann versucht, zum Wasser runterzukommen, um zu helfen, aber ich fürchte, dass kaum noch Hoffnung besteht. Das Wasser ist eiskalt und sehr tief."
„Wir haben dafür gesorgt, dass Polizei und Rettungsdienst verständigt werden", berichtete Belinda. Doch die Sekunden vergingen, und sie wusste, dass Mike Recht hatte; je länger der Junge unter Wasser blieb, desto geringer wurde die Chance, ihn lebend zu finden.

Aber Tracy würde niemals jemanden ertrinken lassen, während sie nichts anderes tat, als auf den Rettungswagen zu warten. Sie schüttelte Mikes Arm ab und rannte über das Geröll aufs Wasser zu. Holly war klar, dass sie versuchen wollte, über einen schmalen, steilen Pfad zum See zu gelangen.

„Was zum ...?" Mike fuhr herum. Er versuchte, Holly festzuhalten, doch sie rannte bereits hinter Tracy her.

„Tracy ist eine gute Schwimmerin!", rief Holly. „Sie taucht und sucht unter Wasser nach ihm. Kommen Sie!"

Mike und der Fahrer des Wagens sahen nur sprachlos zu, wie auch Belinda den beiden folgte.

Tracy erreichte das Ufer zuerst. Sie kletterte auf einen flachen Felsen, der über das Wasser ragte. Dort streifte sie ihre Schuhe ab und sprang mit einem Kopfsprung in den See.

Holly und Belinda blieben am Ufer. Sie wagten kaum hinzusehen. Sie hörten das Klatschen, als ihre Freundin in das kristallklare Wasser eintauchte, und konnten undeutlich sehen, wie sie unter Wasser mit den Beinen stieß, um abzutauchen.

Endlich tauchte sie wieder auf und holte tief Luft. „Nichts!", rief sie.

„Kannst du bis zum Grund sehen?", fragte Belinda. „Wie sieht es da unten aus?"

„Klar, aber tief. Diesmal werde ich versuchen, tiefer zu tauchen. Geht nicht weg!" Ohne weiteres Zögern tauchte Tracy ein zweites Mal.

„Es ist zu spät. Es ist ganz bestimmt zu spät", murmelte Belinda und schüttelte den Kopf.

Holly schaute zur Straße. Eine Polizeisirene zerriss die

Stille. Sie sah den Wagen mit Blaulicht die schmale gewundene Straße hinaufkriechen. Dicht hinter ihm fuhr der Rettungswagen. Aus dem Wald kamen Leute auf Mike Sandford zugelaufen. Unter ihnen war auch Ollie Swain, der vom Herrenhaus aus Hilfe geholt hatte. Schon bald würde es rund um den See von Schaulustigen wimmeln.

„Komm schon, Tracy!", murmelte Holly und richtete ihren Blick wieder auf den See. Das Wasser war immer noch unnatürlich ruhig. Doch dann konnten sie Tracys Arme und Beine erkennen, die durch das Wasser weiß und verzerrt aussahen. „Gott sei Dank!", rief Holly aus, als Tracy die Oberfläche durchbrach und nach Luft schnappte.

„Wieder nichts!", berichtete Tracy, als sie wieder sprechen konnte, und schwamm auf ihre Freundinnen zu.

„Bist du sicher? Gar nichts?", rief Holly verzweifelt. Sie reichte Tracy die Hand, um ihr ans Ufer zu helfen. Sie stellte sich vor, wie die Strömung einen bewusstlosen Körper mitriss und ihn weit vom Ufer abtrieb. „Nein, geh nicht wieder rein!" Sie hielt Tracys Arm fest. „Bist du sicher, dass du nichts gesehen hast?"

„Nicht das Geringste." Zögernd ließ Tracy sich aus dem Wasser helfen. Sie zitterte, und ihre Zähne klapperten. „Man hat da unten zwar gute Sicht, aber es ist trotzdem unmöglich, den Grund zu erkennen. Wie tief ist dieser See eigentlich?"

„Seht mal!" Belinda sah auf den See hinaus, wo jetzt ein Schlauchboot der Polizei mit hoher Geschwindigkeit auf die Unfallstelle zusteuerte. „Alles Weitere sollten wir denen überlassen", sagte sie und deutete auf die Rettungssanitäter und dann auf das Polizeiboot. „Sie haben die nötige Ausrüstung und wissen, was zu tun ist." Sie schüttelte den Kopf, denn ihr war klar, dass jede Hilfe zu spät kam.

„Da vorn! Beeilen Sie sich!", rief Holly. Sie hatte noch einen kleinen Hoffnungsschimmer, als das Boot anhielt. Der Steuermann fuhr eine scharfe Kurve, Wasser schwappte ans Ufer, dann wurde der Motor abgestellt. Holly warf einen Blick zur Seite, denn der zweite Mann aus dem blauen Wagen hatte den gefährlichen Abstieg hinter sich gebracht und landete mit einem ungeschickten Sprung auf dem steinigen Ufer. „Haben Sie etwas gesehen?", fragte sie ihn.

Er schüttelte den Kopf. „Nein. Ich glaube aber nicht, dass er auf die Felsen geprallt ist. Er ist direkt aufs Wasser aufgeschlagen und dabei wahrscheinlich ohnmächtig geworden. Und ich fürchte, dass das sein Ende bedeutet." Er beugte sich nach vorn, stützte die Hände auf die Knie und holte mehrmals tief Atem. Den tiefen Schnitt an seinem Arm schien er noch gar nicht bemerkt zu haben.

„Sie bluten!" Belinda ging zu ihm und hielt ihm ihr Taschentuch hin, damit er die Wunde verbinden konnte. Holly legte inzwischen Tracy ihr Sweatshirt um die Schultern.

Plötzlich schien alles auf einmal zu passieren. Ein Polizist aus dem Schlauchboot befahl den Schaulustigen, sich vom Ufer fern zu halten, und die beiden Rettungssanitäter eilten mit ihrer Trage ans Ufer. Steffie, Mark und Ollie rannten zu den Mädchen und wollten erfahren, ob ihnen etwas passiert war. Mike und der Fahrer des blauen Wagens halfen dem dritten Mann beim Verbinden seines Arms. Dann ließ sich ein Polizeitaucher rückwärts aus dem Boot fallen. Es klatschte, als sein Taucheranzug aufs Wasser aufschlug. Dann verschwand er außer Sicht.

„Seid ihr unverletzt?" Jo Thomas, die Leiterin des Zentrums, war inzwischen auch eingetroffen. Sie musterte Tracy, um festzustellen, ob sie ihre Unterwassersuche gut überstanden hatte.

„Mir fehlt nichts", beteuerte Tracy zitternd.

„Ihr drei kommt jetzt sofort mit ins Haus", befahl Jo. „Mike wird hier bleiben und der Polizei alles berichten."

„Können wir nicht auch noch hier bleiben? Wir müssen wissen, was der Taucher findet", bettelte Tracy.

Jo willigte ein. „Also gut. Aber nur, wenn die Rettungssanitäter mir bestätigen, dass dir wirklich nichts fehlt." Sie hatte eingesehen, dass es grausam wäre, die Mädchen wegzuschicken, bevor sie wussten, was mit dem Jungen geschehen war.

Die beiden Sanitäter kamen, legten Tracy eine Decke um, maßen ihren Puls und gaben ihr ein Glukosegetränk.

Holly schloss die Augen. Mittlerweile war sie sich sicher, dass der Junge ertrunken sein musste. Sie stand neben Belinda, und um sie beide herum herrschte hektisches Treiben. Der Polizeitaucher war noch nicht wieder aufgetaucht, doch sie hörte, wie ein anderer Polizist Mike und die beiden Männer aus dem Auto befragte.

„Wohin wollten Sie ihn bringen?", fragte der Polizist.

„Nach Kendal", antwortete der ältere Mann.

„Würden Sie mir bitte Ihren Namen nennen?"
„Tony Carter. Ich bin Daniel Martyns Sozialarbeiter. Er wurde nach seiner Festnahme wegen Einbruchdiebstahls bis zu seinem Prozess in unsere Obhut gegeben. Die Behörde hat einen Platz im Erziehungsheim für ihn gefunden. Dieser Mann hier ist Rob Slingsby, mein Assistent. Wir waren auf dem Weg zu diesem Heim, als das passiert ist."
Holly hörte, wie geschäftsmäßig der Mann die Fakten berichtete. Doch jetzt hatte der Junge einen Namen – Daniel.
„Wie alt ist der Junge? Können Sie ihn beschreiben?", fragte der Polizist.
„Fünfzehn. Viel weiß ich nicht über ihn. Seine Eltern leben irgendwo im Ausland. Er hat nicht viel von sich erzählt. Er war einer von diesen verstockten, schweigsamen Typen."
„Wie sah er aus? Irgendwelche besonderen Merkmale, an denen wir ihn identifizieren können?"
„Ein bisschen ungepflegt. Dunkles, längeres Haar, schmales Gesicht, braune Augen. Ich glaube, er hatte einen kleinen Leberfleck auf der linken Wange. Ziemlich groß, etwa eins achtzig. Er machte den Eindruck, als würde er regelmäßig Krafttraining betreiben. Keiner, mit dem man sich anlegen sollte. Aber Sie kennen diesen Typ sicher."
„Danke, Mr Carter. Das müsste reichen. Und jetzt erzählen Sie mir bitte, wie es zum Absturz des Jungen gekommen ist."
Holly schlug die Augen auf und sah Belinda an. „Das ist alles meine Schuld!", stieß sie hervor und hoffte noch

immer auf ein Wunder, hoffte und betete, dass der Taucher mit dem Jungen auf den Armen wieder auftauchen und dass dieser zwar bewusstlos, aber am Leben sein würde.
„Nein", widersprach Belinda sofort.
„Doch! Wenn ich nicht so scharf darauf gewesen wäre, Daniel einzuholen, wäre er jetzt noch am Leben. Er wäre entkommen; er hätte sich verstecken können, noch bevor die Sozialarbeiter überhaupt etwas gemerkt hätten."
Belinda schüttelte den Kopf. „Wenn jemand Schuld hat, dann wir alle", beteuerte sie. „Schließlich sind wir alle hinter ihm hergerannt."
„He, ihr beiden!", sagte Jo Thomas. „Macht euch keine Vorwürfe." Sie kam näher und sprach ernsthaft auf die beiden ein. „Der Junge hat sich für die Flucht entschieden. Er hat sich dafür entschieden, aus dem Auto zu springen, und es war ebenfalls seine Entscheidung, diese Felsen hochzusteigen. Er ist das Risiko eingegangen. Und wenn seine Entscheidung falsch war, ist das nicht euer Problem!"
Hollys Augen füllten sich mit Tränen, aber sie nickte.
„Na, siehst du." Jo drückte sie kurz an sich. „Außerdem wissen wir doch gar nicht, ob er vielleicht noch am Leben ist."
Mike stand in der Nähe. Er drehte sich zu ihnen um und sagte leise: „Macht euch nichts vor. So lange kann kein Mensch unter Wasser überleben."
Belinda unterdrückte ein Stöhnen. „Lasst uns gehen", bat sie. „Ich halte das nicht länger aus."
„Nein, warte! Da ist der Taucher!", rief Holly.

Die schwarze Gummihaube und die Tauchermaske durchbrachen die Wasseroberfläche. Der Taucher nahm das Mundstück heraus und winkte zum Boot hinüber.
„Negativ!", rief er. „Absolut nichts! Ich denke, es ist hoffnungslos!"
Jo hatte ihn gehört. Sie bedachte Holly mit einem mitleidigen Blick. „Ich fürchte, das war es", sagte sie sanft.
Holly schüttelte den Kopf.
„Holly, wir können nichts mehr tun. Lass uns gehen", drängte Belinda.
Sogar Tracy stand auf. „Ja, das denke ich auch."
Also ging Holly mit. Sie spürte Jos Arm auf ihrer Schulter, aber davon abgesehen war sie wie betäubt. Ein Junge, den sie nicht kannte, war in den Tod gestürzt. Er war mit ausgebreiteten Armen durch die Luft geflogen. Er war ins Wasser gefallen und verschwunden. Er würde nie wieder lebend auftauchen. Und obwohl Holly versuchte, dagegen anzukämpfen, ging sie doch in der festen Überzeugung zum Herrenhaus zurück, an seinem Tod mitschuldig zu sein.

An diesem Abend hingen im Mädchenschlafsaal von Butterpike Hall viele Fragen unbeantwortet in der Luft.
„Warum ist er bloß ein solches Risiko eingegangen?", flüsterte Holly Tracy und Belinda zu, die in den Betten neben ihr lagen. „Es war schon gefährlich genug, aus dem fahrenden Wagen zu springen!"
„Ganz abgesehen von dem Versuch, diese Steilwand hochzuklettern", stimmte Belinda ihr zu.
„Er muss gute Gründe für seine Flucht gehabt haben", flüsterte Tracy.

Holly nickte. „Er wirkte total verzweifelt."
„Wer weiß? Vielleicht war er unschuldig?" Dieser Gedanke war Belinda gerade erst gekommen. „Ich weiß zwar, dass wir ihn nur kurz gesehen haben, als er vorbeirannte, aber er sah nicht aus, wie man sich einen jugendlichen Verbrecher vorstellt." Es fiel ihr schwer, es in Worte zu fassen, doch es schien ihr nicht richtig, ihn für schuldig zu halten.
„Wahrscheinlich werden wir es nie erfahren", flüsterte Tracy.
„Solche Fälle sind nichts für mich!", bemerkte Holly. Jo Thomas hatte ihnen berichtet, dass die Polizei die Suchaktion ergebnislos eingestellt hatte, lange nachdem die Mädchen den See verlassen hatten. „In gewisser Weise wäre es besser gewesen, wenn sie die Leiche gefunden hätten. Dann hätten wir wenigstens Gewissheit gehabt." Sie zog sich die Decke bis unters Kinn.
„Oh Mann", seufzte Belinda. „Mike sagt, dass dieser See einer der tiefsten des Landes ist. Der Fels fällt unter Wasser mehrere hundert Meter steil ab, und Unterströmungen ziehen alles, was ins Wasser fällt, auf den Grund. Wenn man es genau bedenkt, gibt es gar keine Chance, in diesem See etwas wieder zu finden."
Die Mädchen schwiegen, denn Jo Thomas war in den Raum gekommen, um ihnen vor dem Schlafengehen noch ein paar Worte zu sagen. Sie blieb am Fußende von Tracys Bett stehen. „Ich möchte noch einiges loswerden, bevor wir versuchen, diese Tragödie hinter uns zu lassen", begann sie.
Holly stützte sich auf ihre Ellenbogen und lauschte Jos gelassener Stimme.

„Als Erstes: gut gemacht, ihr drei", sagte sie.
„Was denn?", fragte Tracy.
„Dass ihr Alarm geschlagen habt. Dass ihr das Beste getan habt, was ihr tun konntet." Sie lächelte Tracy zu. „Ich habe gehört, dass du eine ausgezeichnete Schwimmerin bist!" Sie machte eine Kunstpause. „Ihr habt getan, was ihr für richtig hieltet, das weiß ich."
„Aber?" Belinda war klar, dass noch etwas kommen musste.
„Aber Mike sagt, dass ihr seine Anweisungen missachtet habt, nicht nur einmal, sondern gleich mehrmals." Jo klang nicht verärgert, eher enttäuscht. „Das ist wichtig hier in Butterpike. Wenn ihr die Anweisungen nicht befolgt, kann alles Mögliche passieren. Unsere Gruppenführer sind erfahrene Leute. Ihr müsst ihnen vertrauen, sonst enden wir im Chaos."
Dagegen ließ sich nichts vorbringen, abgesehen von einer Entschuldigung. Jedes der Mädchen musste verlegen zugeben, sich falsch verhalten zu haben.
Jo schien ihnen nicht wirklich böse zu sein. „Nun, das ist das Ende meiner kleinen Ansprache. Aber es ist nicht das Ende der Welt. Wie ich schon sagte, ihr habt in bester Absicht gehandelt und alles getan, was nur menschenmöglich war. Und jetzt muss ich nur noch eines wissen", fügte sie freundlich hinzu.
Holly schlang die Arme um ihre Knie. Sie warf einen Blick auf Belinda und Tracy, die sich genauso elend zu fühlen schienen wie sie selbst.
„Ihr drei habt heute einen Schock erlitten, und vielleicht möchtet ihr den Kurs lieber abbrechen." Sie sah jedes der Mädchen fragend an.

Eine Sekunde lang herrschte Schweigen. Holly warf Belinda einen Blick zu.

„Aber nein!", sagte Belinda. „Wir wollen bleiben. Ich meine, ich möchte bleiben. Abzubrechen wäre, als würde man sich geschlagen geben, nicht wahr?"

„Seid ihr sicher?" Jo lächelte und sah auch die beiden anderen an.

„Ganz sicher", bestätigte Tracy.

Holly nickte ebenfalls. „Belinda hat Recht. Als wir ankamen, hat sie zwar noch anders geklungen, aber sie hat Recht. Wir wollen weitermachen!" Sie lächelte Belinda an.

„Okay", sagte Jo. „Ich glaube, ihr habt die richtige Entscheidung getroffen. Und nun lasst uns versuchen, den heutigen Tag zu vergessen." Sie wandte sich zum Gehen. „Wir treffen uns morgen um neun Uhr dreißig im Spieleraum, abgemacht?"

Die Mädchen nickten.

„Und jetzt schlaft euch richtig aus." Sie lächelte auf ihrem Weg zur Tür. „Morgen müsst ihr fit sein!"

4
Eine Nachtwanderung

„Ich vermute, dass ihr alle schon mal einen Kompass gesehen habt", sagte Mike Sandford. Er hatte seine Gruppe im Spieleraum versammelt und hielt eine durchsichtige Plastikscheibe an einer dicken roten Kordel hoch. „Und ihr wisst sicher auch, wie ein Messtischblatt aussieht." Er grinste, als würde er sich darauf freuen, seiner Gruppe eine besonders schwierige Aufgabe zu stellen. „Darauf ist ein Gittermuster zu sehen, das die Karte in Quadrate einteilt. Anhand dieser Planquadrate könnt ihr euch orientieren. So weit alles klar?"
Holly, Tracy und Belinda versuchten, sich zu konzentrieren. Sie bemühten sich, Jos Rat, den vergangenen Tag zu vergessen, zu befolgen, und kein Wort von Mikes Erklärungen zu verpassen.
„Als Erstes müsst ihr den Weg auf diese drei Gipfel finden." Er deutete auf die dünnen, im Zickzack verlaufenden braunen Höhenlinien nördlich des Sees. „Mit Hilfe der Planquadrate, die ich euch angebe, und dem Kompass müsstet ihr es schaffen, heute Abend um sechs wieder hier zu sein."
„Und was machen wir dann?" Tracy hörte sich an, als könnte sie drei Berge an einem Tag besteigen!

Belinda stöhnte.

„Dann ..." Mike schien das Ganze ungeheuren Spaß zu machen. „Nach dem Essen holt ihr euch Lampen, die Trillerpfeifen für den Notfall und eure Biwaksäcke, und dann macht ihr euch wieder auf den Weg!"

„Biwaksäcke?" Belinda starrte entgeistert auf den großen orangefarbenen Plastiksack, den Mike in der Hand hielt.

„Genau. Für euer Biwak auf diesem Gipfel." Er deutete auf einen Punkt auf der Karte. „Dort oben ist es auch zu dieser Jahreszeit ziemlich kalt. Deswegen braucht ihr zum Schlafen die Biwaksäcke, eure Stirnlampen und natürlich Karte und Kompass."

„Heißt das, dass wir draußen übernachten dürfen?" Tracy war begeistert.

Mike nickte. „So hatte ich es mir gedacht. Und bei Tagesanbruch kommt ihr über diesen Pfad zurück, damit ihr zum Frühstück um acht wieder hier seid."

„Wir werden erfrieren", murmelte Belinda und warf Holly einen verzweifelten Blick zu. „Kann mir bitte jemand erklären, wie ich auf die Schnapsidee gekommen bin, Jo zu sagen, dass ich hier bleiben will?"

Holly grinste nur und holte tief Luft. Ihre heutige Aufgabe war eine echte Herausforderung. Hoffentlich waren sie ihr gewachsen.

„Um sicherzugehen, dass ihr wirklich immer der vorgeschriebenen Strecke folgt, gebe ich euch ein paar Hinweise, die ihr entschlüsseln müsst. Ich habe sie hier unten hingeschrieben, und daneben steht das jeweilige Planquadrat. Ihr dürft nicht wiederkommen, bevor ihr nicht alles gelöst habt. Auf diese Weise kann ich kontrol-

lieren, ob ihr den richtigen Weg genommen habt."
Mike sah Belinda an. „Dieser Teil müsste genau das Richtige für euch Krimifans sein."
Steffie grinste. „Hättest du bloß den Mund gehalten!"
„Ein Beispiel: Auf eurer Tagestour werde ich euch ein Planquadrat vorgeben und dazu eine Frage, wie etwa ‚F7: Wie viele Stufen führen zur Hundehütte?' Die Antwort könnt ihr nur finden, wenn ihr auf dem richtigen Weg seid."
„Ich weiß es!" Tracy zeigte auf die Karte. „Die Hundehütte. Damit ist Rover's Cottage gemeint, stimmt's?"
Mike hob die Brauen und lächelte. „Schon möglich", sagte er. „Ihr müsst einige Hinweise wie diesen entschlüsseln. Und denkt daran, dass ich ebenfalls dort sein werde, um aufzupassen, dass ihr nicht schummelt!"
„Das wird bestimmt toll! Los, kommt schon!" Tracy war bereits auf dem Weg zur Tür. Sie trug Shorts, ein Sweatshirt und ein paar kräftige Wanderschuhe und hatte einen kleinen Rucksack dabei, in dem Getränke, etwas zu essen und das Erste-Hilfe-Päckchen untergebracht waren. Sie hatte sich eine der Karten gegriffen, die in Plastikhüllen steckten, und sie sich um den Hals gehängt. „Gibst du mir bitte einen Kompass, Holly?"
Holly trat zu ihr. „Bist du bereit, Belinda?"
„So bereit, wie ich jemals sein werde", knurrte Belinda und bedachte Mike mit einem verzweifelten Blick.
„Nein, wartet noch einen Augenblick! Ich habe die Kekse vergessen, die ich oben in meinem Schrank habe!" Sie sauste davon, um sie zu holen, flitzte die Treppe wieder herunter und stopfte die Kekse in die Außentasche ihres Rucksacks. „Man weiß ja nie, ob man

nicht vielleicht eine Notration braucht", bemerkte sie spitz.
Mike lachte. „Du tust ja fast so, als würde ich euch auf eine Expedition nach Sibirien schicken!"
„Wo ist da der Unterschied?", knurrte Belinda und wünschte sich sehnlichst, die Nacht in ihrem gemütlichen Bett im Schlafsaal verbringen zu können.
Mike schüttelte gutmütig den Kopf, als Belinda sich den Rucksack über die Schulter schwang. „Denk immer daran, dass Bewegung gut für dich ist!" Er kam mit zur Tür und winkte ihnen nach.
Belinda trottete missmutig hinter Holly und Tracy her.
„Viel Glück!", rief Jo Thomas aus ihrem Büro.
Draußen war es dunstig, doch der Wetterbericht klang gut. Als Holly, Tracy und Belinda den ersten der drei Berge zur Hälfte erklommen hatten, klarte es auf. Hier mussten sie Mikes erstes Rätsel lösen.
„Also gut", sagte Tracy. Sie breitete die Karte auf einem flachen Felsen aus und hielt nach markanten Punkten in der Landschaft Ausschau. „Wir haben das Planquadrat mit dem ersten Hinweis erreicht. Bis Rover's Cottage sind es sicher noch ein paar Kilometer, denn die Frage kommt erst als Dritte. Die erste Frage lautet: ‚Bergauf oder bergab? Wie kann ich am schnellsten meinen Durst stillen?'" Sie sah Holly und Belinda fragend an.
„Das bedeutet vermutlich, dass wir den kürzesten Weg zur nächsten Wasserquelle finden sollen", sagte Belinda. „Aber wie?"
Holly sah sich um. Etwa fünfzig Meter links von ihr entdeckte sie ein hölzernes Hinweisschild mit Pfeilen, die in drei verschiedene Richtungen zeigten. „Ich wette,

dass wir dort die Antwort finden!" Sie zeigte auf den Pfahl mit den Schildern und lief dann darauf zu. „In dieser Richtung liegt Skiddaw!", rief sie den anderen zu. „Und hier steht ‚High Force, fünf Kilometer'. Und dieser Weg bergab führt ebenfalls nach High Force, aber er ist fünfeinhalb Kilometer lang!"
Belinda und Tracy studierten die Karte. „Skiddaw ist dieser Berg." Tracy hatte den Namen am nördlichen Rand ihres Planquadrats entdeckt. „Und was könnte High Force wohl sein?", überlegte sie und sah sich suchend um.
Belinda starrte immer noch auf die Karte. „Hier ist es!", rief sie plötzlich aus. „High Force. Es steht neben einer blauen Linie, die sicher ein Fluss oder Bach ist. Hier laufen auch die Höhenlinien zusammen. Es würde mich nicht wundern, wenn High Force ein Wasserfall ist!"
„Und die Bergstraße ist der schnellste Weg dorthin", sagte Holly, die inzwischen wieder bei ihnen war. „Schreiben wir es auf." Sie holte einen Stift heraus, um die Lösung des ersten Rätsels zu notieren. „Der Weg, der bergab führt, ist einen halben Kilometer länger, also muss es die Bergstraße sein."
Zufrieden faltete Tracy die Karte zusammen. „Auf zum zweiten Rätsel!", sagte sie und marschierte wieder los.
„Kann dieses Mädchen denn nie eine Pause machen?", jammerte Belinda und blieb stehen, um einen Schokoladenkeks aus ihrem Rucksack zu holen. Sie bot Holly auch einen an.
„Nein, kann sie nicht. Das solltest du inzwischen wissen", sagte Holly lachend und nahm sich einen Keks. „Das gibt Energie. Vielen Dank."

„In diesem Fall werde ich Tracy keinen anbieten", seufzte Belinda. „Sie hat meinen Keks nicht nötig!"
Unter weiteren Sticheleien verfolgten die beiden ihre sportliche Freundin.

Nach der Kletterei über steile Hänge und der Wanderung durch Waldstücke und an Flussläufen entlang kehrten die Mädchen mit einem Bärenhunger zum Herrenhaus zurück. Es war fünf Uhr. Sie hatten zwar unterwegs Kartoffelchips, Obst und Belindas geliebte Schokoladenkekse gegessen, doch nun waren sie froh, sich eine Riesenportion Kartoffeln, Käseauflauf und Erbsen einverleiben zu können.
„Wir müssen für heute Nacht vorsorgen", bemerkte Belinda und nahm sich Salat. In der Cafeteria wimmelte es bereits von anderen Jugendlichen, die von Wanderungen oder vom Windsurfen kamen. Besteck klapperte, und an der Essensausgabe, vor der sich schon lange Schlangen gebildet hatten, dampfte es.
„Das hört sich fast so an, als würdest du dich insgeheim darauf freuen", bemerkte Holly und stieß Tracy unauffällig mit dem Ellenbogen an.
„Ich? Nie im Leben!", protestierte Belinda.
„Also, ich schon!", verkündete Tracy. Sie spielte mit der Stirnlampe herum, die Mike allen gegeben hatte. Sie wurde mit Riemen am Kopf befestigt und funktionierte genauso wie die Helmlampen der Bergleute. „Eine Nachtwanderung mit Karte und Kompass. Das wird bestimmt toll!"
Als die drei später am Abend aufbrachen, mussten sie jedoch feststellen, dass es doch etwas gab, das einen Schat-

ten auf ihre Vorfreude warf. Die Strecke führte dicht an der Stelle vorbei, an der am Tag zuvor der Junge abgestürzt war. Die drei schwiegen betreten, als sie daran vorbeikamen. In der Dämmerung war die Stelle noch unheimlicher als am Tag. Keine von ihnen wagte einen Blick zur Seite auf das schwarze Wasser. Holly schauderte bei dem Gedanken daran und ging dicht an den Berg gedrückt weiter. Sie konzentrierte sich ausschließlich auf die Karte und sah stur geradeaus.

„Nicht so schnell", bat Belinda. „Bei diesem Tempo kann ich nicht mithalten!" Es wurde immer dunkler, und sie schaltete ihre Lampe ein.

„Je früher wir den Gipfel erreichen, desto eher können wir uns in unsere Biwaksäcke kuscheln und schlafen", widersprach Holly. Sie hielt den Kompass in der Hand und betrachtete ihn aufmerksam.

„Kannst du mir verraten, wie man sich in einen orangefarbenen Plastiksack kuschelt?", murrte Belinda. „Schon gut, schon gut, ich sage nichts mehr", versprach sie, nachdem sie Hollys entnervten Gesichtsausdruck gesehen hatte.

Tracy ging im Dunkeln voraus. „Wir kommen gut voran. Welches ist das nächste Planquadrat, Holly?"

„F7." Inzwischen war es so dunkel, dass sie den Lichtstrahl ihrer Stirnlampe direkt auf die Karte und das Blatt mit den Hinweisen richten musste. „Wir müssen auf diesem Weg bleiben, bis wir ein gutes Stück östlich von Rover's Cottage sind, der Hütte, die wir heute Nachmittag gefunden haben. Ihr wisst schon, die aus dem dritten Rätsel." Rover's Cottage hatte sich als alte Schäferhütte erwiesen, deren Steindach schon zur Hälfte eingefallen war. „Dann müssen wir auf den Pass, der auf den Butterpike-Berg führt."

Tracy beugte sich vor, um ebenfalls einen Blick auf die Karte zu werfen. „Ja, du hast Recht. Die Hütte scheint das letzte Zeichen menschlicher Zivilisation hier oben zu sein. Danach kommt nur noch unbewohnte Landschaft." Sie schritt eifrig aus und konnte es kaum erwarten, auf die nächste Herausforderung zu treffen. Der schmale Pfad führte über ein Geröllfeld, das die drei nur im Gänsemarsch überqueren konnten.

Das war der bisher schwierigste Abschnitt ihrer Nachtwanderung. Holly richtete den Lichtstrahl ihrer Stirnlampe auf den Boden vor ihren Füßen und wagte nicht, nach links oder rechts zu sehen. Der Pfad forderte ihre volle Aufmerksamkeit. Sie legte etwa einen Kilometer zurück, ohne einmal aufzuschauen. Das einzige Geräusch war das Knirschen ihrer Stiefel auf dem Geröll. Über ihr schimmerte ein fahler Mond, und rechts und links erhoben sich drohend die Berge.

Endlich holte sie Tracy ein, die ein kleines Plateau gefunden hatte, auf dem sie eine kurze Pause machen konnten.

„Ist das nicht irre?", fragte Tracy atemlos. „Ganz allein auf dem Gipfel eines Berges zu übernachten?"

„Ach, jetzt sind es auf einmal Berge?", spottete Holly. Sie schob ihren Rucksack in eine bequemere Lage und hielt Ausschau nach dem Lichtkegel von Belindas Lampe. „He, Belinda, Tracy hat zugegeben, dass das hier ein Berg ist!" Ihre Stimme hallte über das Geröllfeld. „Wo ist sie denn? Wo steckt Belinda?"

Tracy runzelte die Stirn. Ihre Lampe beleuchtete den

Pfad, auf dem sie gerade gekommen waren, doch es war niemand zu sehen. „Über das Geröll zu laufen, war ziemlich mühsam", stellte sie fest. „Ich denke, wir sollten hier auf sie warten."

„Vielleicht ist die Batterie in ihrer Lampe leer", überlegte Holly. Sie versuchte, zwischen den Felsen und Steinbrocken etwas zu erkennen, das sich bewegte, doch die Dunkelheit war undurchdringlich. Es war unmöglich, Belinda zu entdecken.

„Wann hast du sie das letzte Mal gesehen?" Tracy klang besorgt. Minuten vergingen, und Belinda war immer noch nicht aufgetaucht.

„Bei der verfallenen Hütte. Ich weiß noch, dass sie sich darüber beschwert hat, in einem Plastiksack schlafen zu müssen, und dann hat sie versprochen, nichts mehr zu sagen." Ein Windstoß fuhr Holly durchs Haar. Sie zog den Reißverschluss ihrer Fleecejacke ganz zu. „Tracy", sagte sie, „du glaubst doch nicht, dass Belinda …?"

„Sich verirrt hat?", sagte Tracy, als Holly etwas zögerte. „Niemals!" Sie versuchte, zuversichtlich zu klingen. „Schließlich hat sie eine Karte, genau wie wir. Nein, sie hat sich bestimmt nicht …"

„Verirrt." Diesmal beendete Holly den Satz. Danach umgab sie die Stille wie dichter Nebel. „Aber was ist, wenn ihre Lampe versagt hat? Dann kann sie die Karte nicht lesen."

„Dann hätte sie uns mit der Trillerpfeife auf sich aufmerksam gemacht", sagte Tracy. Es war hoffnungslos, ins Dunkle zu starren, doch sie tat es trotzdem.

Langsam bekam Holly es mit der Angst zu tun. Auf diesem schmalen Pfad konnte man leicht stürzen. Sie

würde es nicht ertragen, wenn Belinda etwas Ernsthaftes passiert war.
„Belinda!", brüllte sie, so laut sie konnte. Echos hallten durch die Nacht, doch sie erhielten keine Antwort.
„Belinda!", schrie auch Tracy und blies zudem in ihre Trillerpfeife. „Es hat keinen Sinn; wir müssen zurückgehen und nach ihr suchen", entschied sie schließlich.
Holly nickte. „Anscheinend hat sie sich doch verlaufen." Sie stellte sich vor, wie Belinda auf dem schmalen Pfad stolperte, rutschte und in die Dunkelheit stürzte und vielleicht irgendwo mit dem Kopf aufschlug oder sich einen Arm oder ein Bein brach. Schnell machten die beiden kehrt und eilten rutschend und schlitternd den Weg zurück, über den sie gekommen waren.
„Du weißt, was für eine Höhenangst sie hat!", keuchte Tracy.
„Du glaubst doch nicht, dass sie abgestürzt ist?" Holly musste einfach aussprechen, was sie befürchtete. Vor ihrem inneren Auge sah sie die Freundin jetzt zusammengekrümmt am Fuß eines Felsens liegen oder einen steilen, steinigen Abhang herunterrollen und unten leblos liegen bleiben.
„Nein!" Jetzt hörte sich Tracy nicht mehr so zuversichtlich an. Sie hastete über das Geröll, so schnell sie konnte.
„Belinda!", brüllte Holly wieder. „Wo bist du?"
Auch diesmal kam keine Antwort.

5
Rover's Cottage

Belinda schrak hoch. Wie lange mochte sie geschlafen haben? Sie hatte nur etwas essen und eine kurze Pause machen wollen, während Tracy und Holly weitergingen. Schließlich hatten sie an diesem Tag bereits drei Berge bestiegen, ganz abgesehen von dem verrückten Versuch, den vierten im Dunkeln zu bewältigen. Also setzte sie ihren Rucksack ab und lehnte sich mit dem Rücken gegen einen Felsen. Sie hatte vor, höchstens fünf Minuten Pause zu machen, mit ein paar Keksen neue Kraft zu tanken und die anderen dann wieder einzuholen. Mit ihrer Stirnlampe leuchtete sie in den Rucksack, holte einen ihrer Lieblingskekse aus der goldfarbenen Verpackung, aß ihn und legte ihren Kopf auf das Heidekraut.

Wie hatte sie dort nur einschlafen können? Jetzt waren Holly und Tracy verschwunden, und die Batterie in ihrer Stirnlampe schien fast leer zu sein. Das musste bedeuten, dass sie ziemlich lange geschlafen hatte. Sie rieb sich die Augen und richtete das schwache gelbliche Licht auf ihre Armbanduhr. Es war zehn Minuten nach Mitternacht.

„Damit werden sie mich bis ans Ende meiner Tage aufziehen!", murmelte sie. Sie hob ihren Rucksack auf und schwang ihn über die Schulter. Ihr Stolz verbot ihr, um Hilfe zu rufen oder zu pfeifen. Sie würde den Berggipfel auch allein erreichen, selbst wenn die Stirnlampe nicht mehr viel Kraft hatte.

Sie beschloss, sich die Karte genau anzusehen und sich den Weg zum Biwakplatz einzuprägen. „Na los, Belinda", sagte sie zu sich selbst, „jetzt kannst du beweisen, aus welchem Holz du geschnitzt bist!"

Sie studierte die Karte ein oder zwei Minuten lang. „Kein Problem", dachte sie. „Es gibt nur einen Weg, dem ich folgen muss, abgesehen von den Schafpfaden, und die zählen nicht." Sie brauchte also nur immer ihrer Nase nachzugehen, bis sie am Biwakplatz ankam. Sie faltete die Karte zusammen, steckte sie wieder in ihre Schutzhülle und bereitete sich auf den Aufbruch vor.

„Immer bergauf", befahl sie sich. „Was kann dabei schon schief gehen?"

Sie warf einen Blick auf den Mond; diese schmale Sichel würde heute Nacht nicht viel Licht spenden, und die Sterne wurden von vorüberziehenden Wolken verdunkelt. Sollte sie die Batterie in ihrer Lampe schonen und sie ausschalten? Oder sollte sie den schwachen Lichtstrahl nutzen, so lange es noch ging? Sie wünschte nur, sie wäre nicht mit brennender Lampe eingeschlafen. Belinda versuchte, ohne Licht weiterzugehen, doch es war so stockdunkel und unheimlich, dass sie die Lampe schnell wieder einschaltete. Voller Angst sah sie zu, wie der Schein immer schwächer wurde. Sie war jedoch immer noch entschlossen, die beiden anderen wieder zu finden, ohne dass sie ihr helfen mussten. Ihr Mund war trocken und ihre Hände feucht, doch sie kämpfte sich tapfer vorwärts.

„Belinda!", brüllte Holly hoch oben auf dem Berg. Ihr Ruf hallte durch die menschenleere Landschaft.
„Holly, hierher!" Tracy hatte ein Geräusch im Unterholz gehört. „Hinter diesem Felsen ist etwas!" Sie hastete darauf zu und hoffte verzweifelt, dass dort nicht Belinda nach einem schweren Sturz verletzt und nur halb bei Bewusstsein lag.
„Ist sie es?" Holly schlug das Herz bis zum Hals, als sie hinter Tracy herkletterte.
„Ich seh noch nichts. Hast du irgendetwas gehört? Ich schon!" Die beiden begannen aufgeregt zu suchen und schlugen und traten mit Armen und Beinen gegen das Gestrüpp.
„Belinda?" Holly versuchte, sich zu beruhigen und vorsichtiger vorzugehen. Sie hörte ein leises Scharren und ein gedämpftes Blöken.
„Oh!", rief Tracy überrascht, als sich das Schaf und sein Lamm aus dem Heidekraut erhoben. Die Tiere ergriffen unter empörtem Blöken die Flucht. Tracy fiel rückwärts ins Gebüsch, und Holly rettete sich auf einen Felsen, um den fliehenden Schafen aus dem Weg zu gehen. Das Schaf und sein Nachwuchs galoppierten davon, und Holly und Tracy nahmen mit weichen Knien ihre Suche wieder auf.

„Komisch", dachte Belinda, nachdem sie auf ihren Kompass gesehen hatte. „Ich dachte, ich würde nach Nordosten gehen. Vielleicht bin ich doch keine so gute

Kartenleserin, wie ich dachte." Ihr Kompass zeigte eindeutig Nordwesten an. Um wieder in die richtige Richtung zu gehen, bog Belinda auf einen schmaleren Pfad ab. Holzige Heidekrautzweige kratzten an ihren Beinen und ließen sie nur langsam vorwärts kommen. Ihre Stirnlampe gab nur noch einen gelblichen Schimmer ab. „Ich könnte schwören, dass ich diesen spitzen Felsen schon einmal gesehen habe!", sagte sie zu sich selbst. Der Weg führte bergab durch eine lang gestreckte Mulde. Belinda entschied, dass nachts vermutlich alle Felsen gleich aussahen, und marschierte weiter. Sie versuchte, sich mit dem Kompass zu orientieren und hielt nach Landmarken Ausschau. Sie stellte sich vor, wie sie triumphierend auf dem Gipfel ankam. Während sie durch das Heidekraut stolperte, freute sie sich darauf, bald in den orangefarbenen Biwaksack kriechen zu dürfen.
„Huch!" Vor Überraschung hatte sie laut gesprochen. Ihr Stiefel war gegen ein Stück Holz geprallt, das vom Heidekraut fast verdeckt wurde. Sie schob das Kraut zur Seite. Es war, was sie befürchtet hatte: ein tief angebrachtes Hinweisschild mit einem Pfeil, der nach links zeigte. Die schwarze Schrift auf dem Schild war verblasst und verwittert, aber noch zu erkennen. Belindas Verzweiflung wuchs, als sie „Rover's Cottage" auf dem Schild las. Sie konnte die Schrift gerade noch erkennen, und dann ging ihre Lampe endgültig aus. „Oh nein! Ich bin immer im Kreis herumgelaufen!", stöhnte sie.
Sie ließ sich zu Boden fallen und überlegte, was sie tun sollte. Holly und Tracy würde sie jetzt nicht mehr einholen können. Die beiden nahmen vermutlich an, dass

sie nicht fit genug war, um durchzuhalten, und dass sie an irgendeinem Punkt einfach aufgegeben hatte und zum Haus zurückgegangen war, um ihnen mit ihrer Müdigkeit nicht zur Last zu fallen. Inzwischen taten ihre Beine wirklich weh. Sie würde es auf keinen Fall bis zum Gipfel schaffen.

Sie seufzte und sah sich um. Als sich ihre Augen an die Dunkelheit gewöhnt hatten, glaubte sie am Ende des Pfades den Umriss der baufälligen Hütte zu erkennen und beschloss, dort bis zum Morgen Schutz zu suchen. Sie stand schwerfällig auf und zwang ihre müden Beine, sie die letzten Meter über den zugewachsenen Pfad zu tragen.

Rover's Cottage lag in einer Senke und war damit wenigstens etwas vor Wind und Wetter geschützt. Die Hütte war aber trotzdem ziemlich verfallen und sah nicht aus, als hätte in den letzten Jahren jemand drin gewohnt. Belinda streckte die Hand aus und tastete sich an der bemoosten Steinwand entlang. Sie drückte den Türgriff herunter. Die Tür war verschlossen. Aus dem Innern der Hütte hörte sie ein trockenes Scharren, und Belinda hatte das Gefühl, ein Lebewesen aufgestört zu haben.

Sie schauderte und sah sich um. Sollte sie versuchen, in die Hütte zu kommen, oder lieber wieder in die weite dunkle Heidelandschaft zurückgehen? Sie nahm ihren ganzen Mut zusammen und beschloss, einen Weg in die Hütte zu suchen, vielleicht durch ein Fenster. Alles war besser, als noch länger in dieser Kälte herumzustehen.

Tatsächlich, im Fenster links neben der Tür fehlte die Scheibe. Das Fenster war so niedrig, dass Belinda sich auf das steinerne Sims schwingen und sich mit den Füßen voran in die Hütte fallen lassen konnte. Sie landete auf einem kahlen Dielenfußboden. „Ein Glück!", seufzte sie. Jetzt musste sie nur noch herausfinden, wer das merkwürdige Geräusch verursacht hatte. Vielleicht ein Tier, das hier Zuflucht gesucht hatte, oder ein Vogel, der den Rückweg aus der Hütte nicht wieder fand? Danach würde sie sich die trockenste und sauberste Ecke suchen, in ihren Biwaksack schlüpfen und bis zum Morgen schlafen.

Holly und Tracy wagten vor Angst nicht zu sprechen. Sie befanden sich inzwischen weit unterhalb des Gipfels, doch sie hatten immer noch keine Spur von Belinda gefunden.
„Holly, ich glaube, dass etwas Schlimmes passiert ist!", flüsterte Tracy, die sich beinahe nicht getraut hätte, das Schweigen zu brechen. „Wir hätten sie doch längst finden müssen!"
„Pssst!", signalisierte ihr Holly. Dann bückte sie sich und hob etwas auf. Es lag neben einem großen Felsen und glitzerte im Licht ihrer Lampe – es war ein Stück der goldfarbenen Verpackung von Belindas Lieblingskeksen. Sie zeigte Tracy ihren Fund. „Was meinst du, Zufall?"
Tracy betrachtete die Verpackung mit gerunzelter Stirn. „Nein, ich denke, dass wir endlich auf der richtigen Spur sind."
„Ja, das denke ich auch." Holly hatte wieder Hoffnung und steckte ihren Fund in die Tasche. „Ich frage mich jedoch, was mit Belinda los ist. Normalerweise lässt sie keinen Müll in der Landschaft herumliegen." Immer

noch beunruhigt machten sich die beiden wieder auf den Weg.

Belinda tastete sich durch das leere Zimmer und öffnete dann eine Tür, die auf einen schmalen Flur führte. Die ganze Hütte roch feucht und verwahrlost, doch Belinda konnte auch den Rauch eines Holzfeuers riechen, der unter der geschlossenen Tür, vor der sie gerade stand, herauszog. „Das ist komisch", dachte sie. „Dass es nach Rauch riecht, obwohl diese Hütte garantiert seit Jahren unbewohnt ist!" Sie drückte gegen die Tür. Unter protestierendem Quietschen schwang sie langsam auf.
Auf dem Tisch stand eine Flasche, in der eine brennende Kerze steckte, und im Kamin glimmten die Überreste eines Holzfeuers. Ein Wasserhahn tropfte. Auf dem hölzernen Abtropfbrett der Spüle lagen leere Coladosen. Im Schein des Feuers konnte Belinda einen alten Eisenkochtopf erkennen, der über dem Feuer hing, und auch einen Tisch, gegen den ein Stuhl gekippt war. Eine der Coladosen kam ins Rollen und fiel auf den Boden, als hätte sie jemand gerade erst auf das Bord geworfen. Und dieser Jemand musste es sehr eilig gehabt haben.
Belinda schnappte nach Luft. Sie hielt den Türrahmen umklammert, denn die Tatsache, dass ihre Zuflucht bereits von jemand anderem besetzt war, hatte ihr einen Schock versetzt. Wer mochte es sein? Eindeutig war nur, dass hier jemand hauste. Sie beschloss zu verschwinden und zog sich auf den Flur zurück.
Doch gerade als sie die Haustür erreicht hatte, wurde der Türgriff von außen niedergedrückt. Jemand rüttelte am Schloss herum. Belinda erstarrte. Sie saß in der Falle.

Wo sollte sie hin? Das Haus machte ihr Angst, doch sie zwang sich, auf Zehenspitzen zurück in das vordere Zimmer zu schleichen. Plötzlich knarrte eine der Dielen. Wieder erstarrte sie.
Auf einmal kratzte etwas am Fenster. Belinda wusste nicht, was es war. Sie wich zurück bis zur Wand, und dann erschien etwas Weißes vor dem Fenster und eine Hand versuchte, ein Loch in die Schmutzschicht zu reiben. Die Finger machten ein quietschendes Geräusch auf der Scheibe.
Belinda kreischte, und das Fenster wurde aufgestoßen.
„Holly!" Belinda ließ sich gegen die Wand sinken. Das undeutliche Gesicht am Fenster gehörte ihrer besten Freundin, und Tracy folgte ihr über die Fensterbank in das leere Zimmer. „Tracy!", stieß Belinda hervor. „Was macht ihr denn hier?"
„Du hast ausgesehen, als wäre dir ein Geist erschienen", stellte Tracy fest, stemmte die Hände in die Hüften und verzog angewidert das Gesicht, als sie den muffigen Geruch der Hütte bemerkte. Das Licht ihrer Stirnlampe beleuchtete riesige Spinnweben, die von den Deckenbalken herunterhingen. Tracy ließ den Lichtkegel durch den Raum schweifen und betrachtete die groben Steinwände.
„Das könnten wir dich ebenfalls fragen!", erwiderte Holly. „Wir haben eine Ewigkeit nach dir gesucht und uns vorgestellt, dass du mit gebrochenem Bein in einer Schlucht liegst!"
„Oder mit einer schlimmeren Verletzung!", bestätigte Tracy.
„Aber nein, du hast dich hier gemütlich eingerichtet!"

„Während wir beide weitergegangen sind, um auf einem eiskalten Berggipfel zu übernachten!", fügte Tracy hinzu.
„Jetzt wartet mal eine Minute!" Belinda hob die Hände. „Wenn ihr es unbedingt wissen wollt: Es war keine Absicht. Ich habe eine Pause gemacht, um etwas zu essen, und bin dann eingeschlafen, während meine Lampe noch brannte." Sie hatte beschlossen, den beiden die Wahrheit zu sagen.
Holly und Tracy starrten sie mit offenem Mund an.
„Ja, ich weiß!" Belinda zog die Mundwinkel herunter. „Aber es passiert ganz leicht, das müsst ihr mir glauben. Dann habe ich versucht, allein den Weg zum Gipfel zu finden, aber ich habe mich verlaufen und meine Lampe ist ausgegangen, und dann habe ich diese alte Hütte gefunden!" Belinda gab ihre Erklärung im Eiltempo ab, doch Holly und Tracy waren ohnehin zu überrascht, um sie zu unterbrechen. „Es tut mir wirklich Leid!", sagte sie schließlich.
Es dauerte eine Weile, bis die beiden alles begriffen hatten. Holly hatte Belindas verlegenes Gesicht gesehen. „Du hast eine Pause gemacht, um etwas zu essen?", wiederholte sie und drehte sich zu Tracy um.
Tracy sah Belinda an. „Und dann bist du eingeschlafen?"
Belinda nickte und seufzte. „Ich habe doch gesagt, dass es mir Leid tut."
Sie sah so unglücklich aus, dass die beiden anderen vor Lachen prusteten. Anstatt mit ihr zu schimpfen, weil sie ihnen die Nachtwanderung verdorben hatte, sahen die beiden das Ganze von der komischen Seite.

„Das ist klasse!", rief Tracy. „Wir denken uns alle möglichen Katastrophen aus, und du schläfst wie ein Baby! Das ist wieder mal typisch!"

„Ja, aber ...", begann Belinda.

„Vergiss es. Wir können unseren Auftrag immer noch erfüllen, wenn wir uns beeilen." Holly warf einen Blick auf ihre Uhr. Es war zwei Uhr dreißig. „Wir werden zwar keine Zeit zum Schlafen haben, wenn wir bis um acht wieder in Butterpike Hall sein wollen, aber das ist nicht zu ändern." Sie lächelte erleichtert. „Wenigstens ist dir nichts passiert!"

„Wartet mal", sagte Belinda und hielt den Kopf schief. „Bevor ich in die Hütte kam, habe ich etwas gehört und bin dann in die Küche gegangen, um nachzusehen." Sie bedeutete den beiden, ihr zu folgen. „Was haltet ihr davon?", fragte sie und zeigte ihnen die Glut im Kamin, die leeren Dosen und eine halb leere Kekspackung.

„Jemand war vor uns hier", stellte Tracy mit einem Achselzucken fest. „Na und?"

„Aber wer? Und warum ist er oder sie verschwunden, als ich kam?" Belinda verschränkte ihre Arme. Jetzt, wo Tracy und Holly da waren, war ihr die alte Hütte nicht mehr unheimlich. „Findet ihr das nicht auch komisch?"

Holly betrat die Küche und sah sich um. Sie nahm die Kekspackung in die Hand. „Vollkornkekse mit Schokolade", stellte sie grinsend fest und sah Belinda an. „Deine Lieblingssorte!"

„He, seht euch das an!" Tracy war zur Spüle gegangen, wo der Wasserhahn noch immer tropfte. Sie richtete ihre Stirnlampe auf eine Emailleschüssel, die zur Hälfte mit

Wasser gefüllt war und in der ein Stück Jeansstoff schwamm.
Belinda war ihr gefolgt. „Blut!" Sie hielt eine Hand vor den Mund, während Tracy Holly heranwinkte. Sie starrten alle auf das verfärbte Wasser.
„Bist du sicher?" Zaghaft steckte Tracy einen Finger ins Wasser und berührte den Stofffetzen. „Könnte es nicht auch Rost oder so etwas sein?"
„Es sieht eher nach Blut aus", sagte Holly. „Aber von wem?" Auch sie stippte mit den Fingerspitzen ins Wasser. Eine rotbraune Wolke breitete sich in der weißen Schüssel aus.
„Von dem, dem dieser Jeansfetzen gehört", vermutete Tracy. Der Stoffstreifen war etwa dreißig Zentimeter lang und sechs Zentimeter breit.
„Und das dürfte derjenige sein, der abgehauen ist, als ich hereinkam." Unbewusst zog Belinda sich in Richtung Tür zurück. „Vielleicht ist er oder sie verletzt?"
„Bestimmt nicht schwer. Wie hätte er oder sie sonst wegrennen können?", fragte Holly. Sie betrachtete die heruntergebrannte Kerze, die in wenigen Augenblicken verlöschen würde. „Und wer immer es war ist vermutlich ziemlich sauer über die Störung!"
Tracy nickte. „Also lasst uns verschwinden. Hier kommen wir jetzt ohnehin nicht weiter. Wir können auch beim Gehen darüber nachdenken." Je früher sie diese Hütte hinter sich ließen, desto besser. Das Blut in der Schüssel machte ihr Angst.
„Aber wir können doch nicht einfach weggehen", sagte Holly. Sie hasste ungeklärte Rätsel.
„Psst!" Belinda horchte angestrengt. Sie glaubte, jeman-

den gehört zu haben, der draußen durch das Heidekraut schlich; das leise Rascheln der Äste und das gedämpfte Knirschen von Schritten. „Es kommt jemand. Hier entlang!", zischte sie und stieß Holly und Tracy die knarrenden Stufen zum Obergeschoss hinauf. „Macht die Lampen aus und haltet die Köpfe unten. Das Ganze gefällt mir gar nicht!" Der geheimnisvolle Bewohner von Rover's Cottage kam nach Hause.

Die Mädchen gingen auf dem oberen Treppenabsatz in Deckung und warteten mit angehaltenem Atem.
Diesmal hielt sich der Eindringling nicht damit auf, durch ein Fenster einzusteigen. Er versuchte es an der Tür. Als sie sich nicht rührte, trat er mit einem schweren Stiefel dagegen. Dann warf er sich mit der Schulter gegen die Tür. Die Mädchen hörten, wie das Holz splitterte und die rostigen Türangeln nachgaben. Sie kauerten sich in eine dunkle Ecke. Der Eindringling stieß die Tür auf und stürmte in das leer stehende Zimmer. Dann versuchte er es in der Küche. Sie hörten, wie er die leeren Dosen vom Brett fegte, und sahen das flackernde Licht der Kerze in den Flur fallen. Dann verlosch die Kerze, und eine Taschenlampe wurde eingeschaltet.
Der Eindringling stürmte ans untere Ende der Treppe.
„Bleibt unten!", warnte Belinda. Die Mädchen kauerten sich noch tiefer in ihre Ecke.
„Ich weiß, dass du da oben bist, du kleines Schwein!", brüllte er. „Bilde dir bloß nicht ein, dass du mir diesmal wieder entkommst!" Die Stimme war vor Wut verzerrt, doch die Mädchen erkannten sie trotzdem.
Holly sprang auf. „Mike, wir sind es!", rief sie und

rannte die Treppe herunter. Tracy und Belinda folgten ihr.
Dann standen sie Mike Sandford gegenüber.
„Ihr drei?" Er sah richtig erschrocken aus. Er schob sie zur Seite, ging die Treppe hoch und durchsuchte unter viel Lärm und Türenschlagen die beiden oberen Räume. Als er wieder herunterkam, wirkte er ruhiger. „Könnt ihr mir vielleicht erklären, was um alles in der Welt ihr hier macht?", fragte er. „Warum seid ihr nicht auf dem Gipfel?" Er nahm Holly am Ellenbogen, führte sie in die Küche und schien das Chaos, das dort herrschte, erst jetzt zu bemerken.
Belinda räusperte sich. „Es ist meine Schuld. Ich habe mich verlaufen, und die beiden anderen sind zurückgekommen, um nach mir zu suchen."
„Verlaufen?", wiederholte Mike. „Warum seid ihr nicht zusammengeblieben?"
Holly wurde klar, wie dumm sie ihm vorkommen mussten. „Aber das kann doch jedem passieren!", protestierte sie lahm.
„Tatsächlich?", fragte er mit einem herablassenden Lächeln.
„Auf jeden Fall hatten wir gerade vor, wieder loszugehen und die Wanderung zu beenden", sagte Tracy schnell, in der Hoffnung, ihren guten Ruf noch zu retten. „Ist das in Ordnung?"
Mike deutete mit einer Hand auf die Unordnung, die im Raum herrschte. „Ich bin mir nicht sicher, ob ich euch glauben kann. Für mich sieht es aus, als hättet ihr hier eine Party gefeiert!"
„Das waren nicht wir!", rief Belinda empört.

„Wie meinst du das?"
„Es sah hier schon so aus, als wir ankamen!"
Mike sah sie erstaunt an, doch dann wurde sein Gesicht wieder streng. „Wer's glaubt!", spottete er. „Könnte es sein, dass ihr mir diesen Bären aufbinden wollt, um eure eigene Haut zu retten?"
„Nein!", sagte Belinda schnell. Sie mochte vielleicht einen schlechten Orientierungssinn haben, aber sie war keine Lügnerin.
„Und wieso seid ihr dann so weit von eurem Weg abgekommen? Wie konntet ihr mich so enttäuschen?" Er ging durch die Küche und drehte sich dann zu ihnen um. „Heute Nacht werdet ihr die Wanderung nicht mehr beenden", sagte er. „Es ist zu spät."
„Warten Sie!" Tracy hob trotzig das Kinn. „Warum geben Sie uns nicht noch eine Chance? Ich glaube immer noch, dass wir es bis zum Morgen schaffen können."
„Vergiss es." Mike wanderte wieder in der Küche herum. Diesmal fiel sein Blick auf den blutigen Lappen in der Schüssel. Er zuckte zusammen, als hätte ihm jemand einen elektrischen Schlag versetzt, sagte aber nichts. „Ihr tut, was ich sage", betonte er. „Ich muss nach Steffie, Mark und Ollie sehen. Sie haben ihre Aufgabe ernst genommen, ganz im Gegensatz zu ein paar anderen, deren Namen ich lieber nicht nennen will! Ich kann nicht länger hier bleiben."
Sie gingen gemeinsam auf die Vordertür zu. Sie hing schräg in einer Angel.
„Und jetzt hört mir zu, ihr drei. Ihr geht jetzt ohne Umwege zurück nach Butterpike Hall. Und damit ihr es

auch wirklich versteht, sage ich es euch noch einmal in verständlichen Worten: Geht zurück zum Haus!" Mike war in der Küchentür stehen geblieben. „Und morgen früh werde ich überprüfen, ob ihr diesmal gehorcht habt. Also macht keinen Unsinn, verstanden?" Dem Tonfall seiner Stimme nach zu urteilen, war jeder Widerspruch zwecklos.
Holly sah die Freundinnen niedergeschlagen an. Mike hielt sie für Versager, und so befolgten sie seine Anweisungen und machten sich bedrückt auf den Heimweg. Und was noch schlimmer war, Jo Thomas und all die anderen würden es auch bald erfahren. Holly war sich sicher, dass Mike dafür sorgen würde.
Sie schleppten sich den Hügel hinab bis in den Wald. Eine Eule heulte, und unsichtbare Lebewesen huschten durch das Unterholz. Holly, die bisher geschwiegen hatte, fiel etwas ein. „Wisst ihr was?", fragte sie. Durch die Bäume konnten sie schon die Eingangsbeleuchtung von Butterpike Hall sehen.
„Nein, was denn?" Tracy war so niedergeschlagen, dass sie am liebsten gar nicht geantwortet hätte.
„Vielleicht hat Mike in dieser Hütte gar nicht nach uns gesucht." Sie blieb unter einem tief hängenden Ast stehen.
Belinda hielt ebenfalls an, um darüber nachzudenken. „Damit könntest du Recht haben. Er ist in die Hütte gestürmt, als hätte er jemand anderen erwartet." Sie musste wieder daran denken, wie er die Tür aufgebrochen und was er gerufen hatte.
„Zum Beispiel denjenigen, der das Feuer angezündet und die ganzen Sachen herumliegen lassen hat?",

mischte Tracy sich ein. „Aber wir wissen immer noch nicht, wer das war."
„Stimmt!" Holly versuchte, es von der guten Seite zu sehen. „Vielleicht ist genau das der Fall, den wir jetzt brauchen!"
„Das wäre nicht schlecht", stimmte Tracy ihr zu. Am Morgen würden sie allen anderen in die Augen sehen und zugeben müssen, dass sie sich auf ihrer Nachtwanderung verlaufen hatten.
„Und wenn wir den Fall lösen, haben wir bewiesen, dass wir doch zu etwas zu gebrauchen sind." Holly klang wieder begeistert.
„Wenn Mike das zulässt." Belinda war die Erste, die müde und deprimiert über die Rasenfläche auf das Haus zuging.
„Wie meinst du das?" Holly ging im Geist schon die verschiedenen Möglichkeiten durch: ein Landstreicher, ein Zigeuner oder ein Eindringling, der sich vielleicht auch schon im Haupthaus herumgetrieben hatte. Vielleicht auch jemand, gegen den Mike eine Art Privatkrieg führte?
„Ich meine, dass er uns in den nächsten Tagen keine Ruhe mehr gönnen wird", sagte Belinda bedrückt. „Ich wette, er wird uns das Leben zur Hölle machen!"

6
Strafarbeit

Belinda behielt Recht. Am nächsten Morgen wurde aus ihrem Abenteuerurlaub so etwas wie ein Spießrutenlauf. Nachdem sie nur wenige Stunden unruhig geschlafen hatten, schleppten sich Holly, Tracy und Belinda in die Cafeteria. Holly trug ihr Tablett mit den Cornflakes und dem Orangensaft mit hoch erhobenem Kopf zu einem Ecktisch und hoffte nur, dass noch nicht zu viele von den anderen wussten, wie kläglich sie auf ihrer Nachtwanderung versagt hatten.
„Es war einfach genial!" Ollie Swain saß am Nebentisch und prahlte mit seinem Erfolg. Er holte tief Luft. „Es gibt nichts Tolleres, als die Natur zu besiegen – mit nichts als dem eigenen Verstand! Eine irre Erfahrung!"
Steffie rammte ihm den Ellenbogen in die Rippen. „Psst!", zischte sie. „Muss das gerade jetzt sein?" Sie hatte Hollys Verlegenheit bemerkt und lächelte ihr zu. Das war fast noch schlimmer als Ollies Prahlerei.
„Belinda, gibst du mir bitte die Milch?", murmelte Holly und verbarg ihr Erröten hinter einem Vorhang aus Haaren. Doch ihre Cornflakes schmeckten an diesem Morgen wie nasse Pappe. Als Jo Thomas an ihren Tisch kam, konnte Holly sie nicht ansehen.

„Ich hörte, dass ihr euch verlaufen habt", sagte sie. Mit den Händen in den Taschen ihrer Shorts musterte sie die drei.
„Ja, aber es war meine Schuld", gab Belinda zu.
„Nun ja", sagte Jo und zuckte mit den Achseln. „Kein Grund, es euch so zu Herzen zu nehmen. Schließlich seid ihr auch hier, um Spaß zu haben. Schon vergessen?" Sie setzte sich auf die Kante eines Stuhls und stützte die Ellenbogen auf den Tisch. „Bisher ist diese Woche für euch nicht besonders gut gelaufen, stimmt's?"
„Das kann man wohl sagen", seufzte Tracy.
„Aber ihr habt noch nicht einmal die Hälfte hinter euch. Euch bleibt noch genug Zeit, aus diesem Formtief herauszukommen. Die meisten unserer Teilnehmer haben Schwierigkeiten, sich mit Karte und Kompass zu orientieren; ihr seid also nicht die Einzigen."
Holly wünschte nur, alle würden aufhören, sich so mitfühlend zu geben. Sie schob ihre Cornflakes zur Seite und stützte das Kinn in die Hände.
„Warum wartet ihr nicht ab, was der heutige Tag bringt?", fragte Jo. „Ich weiß nicht, was Mike heute für eure Gruppe geplant hat. Vielleicht Windsurfen oder Wildwasserfahren. Vielleicht ist das eher etwas für euch." Sie stand auf. „Kopf hoch!", sagte sie beim Gehen.

Doch die Aufgabe, die Mike Sandford sich für sie ausgedacht hatte, machte längst nicht so viel Spaß wie Windsurfen oder das Paddeln durch Stromschnellen. Er stellte den anderen eine spannende Aufgabe und wandte sich dann Holly, Tracy und Belinda zu, die wartend auf dem Hof standen. Es war ein trüber Tag, der perfekt zu ihrer

Stimmung passte. „Seht ihr diese leere Öltonne da?" Mike zeigte auf das große Fass, das in einer Ecke stand. Sie nickten.

„Nun, der Sinn dieser Übung ist, dass sie euch hart macht", erklärte er. An diesem Morgen wirkte sein Grinsen völlig humorlos. „Um diese Herausforderung zu bewältigen, braucht ihr euren Grips nicht anzustrengen. Ihr braucht keine Hinweise zu entschlüsseln und keine Entscheidungen zu treffen!"

Holly starrte ihn fassungslos an.

„Was hat der Kerl gegen uns?", flüsterte Tracy Belinda zu. „Was haben wir denn so Schreckliches getan?"

Belinda schüttelte den Kopf. „Keine Ahnung. Aber ich schätze, dass wir zur Zeit nicht gerade zu seinen Lieblingen gehören." Sie straffte die Schultern und bereitete sich auf das Schlimmste vor.

„Ich will, dass ihr drei diese Tonne um den See schafft, ohne euch dabei zu verlaufen. Das solltet ihr doch wohl schaffen, oder?" Er kippte das Fass etwas zur Seite. „Ihr könnt sie rollen, ihr könnt sie tragen, und ihr könnt euch Methoden ausdenken, sie über Bäche und Felsen zu transportieren – aber ihr müsst heute Nachmittag um vier mit der Tonne wieder hier sein. Alles klar?" Er wartete, bis die drei begriffen hatten, was er von ihnen verlangte. „Ich denke, das solltet sogar ihr schaffen! Seid ihr bereit?"

„Sagte Jo nicht, dass wir hier wären, um Spaß zu haben?", murmelte Belinda.

Mike hatte es gehört, lachte und fing wieder an, sie wie gewohnt zu necken. „Der Spaß kommt später", versprach er. Er lächelte auch Holly an. „Sag Belinda, dass

ich kein so gemeiner Kerl bin, wie sie anscheinend glaubt. Es ist nur so, dass wir nicht genug Surfbretter für alle haben und dass Steffie, Mike und Ollie zufällig als Erste dran sind. Später seid ihr an der Reihe, und die drei können sich mit dem Fass abschleppen."
Holly nickte. „Dagegen ist nichts einzuwenden."
„Hauptsache, wir fühlen uns alle mies!", schimpfte Belinda. „Dann ist es wenigstens gerecht!"
Mike grinste und kippte die Tonne auf die Mädchen zu. „Wir werden doch wohl nicht aufgeben, oder?"
„Nein, werden wir nicht." Tracy trat als Erste vor und war bereit, die Tonne in Empfang zu nehmen.
Belinda und Holly gingen zu ihr und gemeinsam kippten sie mit zusammengebissenen Zähnen die schwere Öltonne um. Sie landete mit einem hohlen Krachen auf dem Pflaster und rollte los.
Mike stoppte sie mit einem Fuß. „Dann bis nachher", sagte er fröhlich. „Haltet auf dem See nach uns Ausschau. Achtet auf die grüngelben Segel!" Mit diesen Worten verschwand er und überließ sie ihrer grässlichen Aufgabe.
„Sagt jetzt bloß nichts!", warnte Tracy. „Lasst es uns einfach tun!"
„Je früher, desto besser", stimmte Holly ihr zu. Sie stemmten sich gegen das Fass und rollten es mit vereinten Kräften zum Ufer hinunter.
„Wie ich schon sagte, er legt es darauf an, uns das Leben zur Hölle zu machen", stöhnte Belinda. Sie schob ihre Brille hoch und legte sich ins Zeug. „Aber er soll sich nicht einbilden, dass er damit durchkommt!"
„Halt, lasst uns erst einmal überlegen!", rief Holly, als sie

am See angekommen waren. Sie klemmte ein Stück Holz unter das Fass. „Wie kriegen wir dieses Ding um den See, ohne uns das Kreuz zu brechen? Es sind mindestens drei Kilometer!"
„Treibholz!", rief Tracy aus und zeigte auf zwei lange Äste, die an den Kiesstrand gespült worden waren.
„Ein Seil!" Belinda hatte ein Ruderboot entdeckt, das mit einem stabilen Nylonseil angebunden war. Sie rannte zum Boot, zog es aus dem Wasser und knotete dann das Seil ab. „Das Boot gehört sogar dem Zentrum, seht ihr?" Sie deutete auf die Buchstaben BH, die in die Sitzbank gestanzt waren: „Butterpike Hall."
„Meint ihr, dass wir die Öltonne an den Ästen festbinden und damit so etwas wie eine Tragbahre herstellen können?", fragte Holly. Das konnte klappen. „Wir können uns abwechseln; eine trägt vorn, die andere hinten und die dritte ruht sich aus – und das immer abwechselnd!"
Froh über ihre gute Idee machten sie sich an die Arbeit. Bald schon hatten sie das Fass auf den beiden Ästen festgezurrt. „Er sagte, wir dürften Methoden erfinden, die Tonne zu tragen", sagte Belinda. Sie packte das vordere Ende der Äste. „Also los, dem werden wir es zeigen!"
Die Mädchen schleppten das schwere Fass am Fuß des Felsens vorbei und dann über einen schnell fließenden Bach, der klares Regenwasser aus den Bergen herunterbrachte. „Wollen wir versuchen, das Geheimnis von Rover's Cottage zu lösen?", fragte Tracy. „Das würde uns zumindest von unseren anderen Problemen ablenken."
„Das dürfte Mike aber gar nicht gefallen", lästerte

Belinda. „Aber er ist schließlich nicht hier, oder?" Sie grinste frech.
„Nein, er amüsiert sich beim Windsurfen!", knurrte Holly. Sie sah auf den See hinaus und blieb dann plötzlich wie angewurzelt stehen.
„Autsch!" Belinda, die das vordere Ende des Gestells trug, rissen fast die Arme aus den Gelenken, als Holly so unerwartet stehen blieb.
„Entschuldige, Belinda. Aber mir ist gerade eine Idee gekommen: Wenn wir Mike gestern wirklich in die Quere gekommen sind und die Person vertrieben haben, die er dort gesucht hat, dann ist diese Strafarbeit mit dem Fass vielleicht seine Methode, uns zu beschäftigen und von seiner Spur abzulenken!" Sie sah Belinda und Tracy aufgeregt an. „Ich glaube, da ist etwas faul. Überlegt doch nur, was wir bisher alles herausgefunden haben!"
„Bisher haben wir nur ein paar ungeklärte Rätsel", wandte Belinda ein. „Zum Beispiel das Feuer, das im Kamin der Hütte brannte. Jetzt müssen wir nur noch herausfinden, wer zur Zeit in dieser Hütte wohnt und was Mike gegen ihn hat."
„Genau." Tracy bot an, das vordere Ende des Gestells von Belinda zu übernehmen. „Die Tatsache, dass das Feuer noch brannte, sagt uns, dass die Person die Hütte erst kurz vorher verlassen hat. Neben dem Kamin war noch mehr Feuerholz gestapelt. Das bedeutet, dass er vorhatte, länger zu bleiben und sich gemütlich einzurichten, bevor er durch uns gestört wurde."
„Falls es ein ‚Er' war", gab Holly zu bedenken.
„Gehen wir einfach davon aus." Tracy marschierte

forsch über das steinige Seeufer. „Das zweite Rätsel sind die Vorräte an Essen und Getränke."
„Stimmt. Dieser ‚Er' hatte gut vorgesorgt", stellte Belinda fest. „Ich habe fünf oder sechs leere Coladosen gesehen, und neben dem Ausguss stand noch eine volle Sechserpackung." Sie rief sich die Küche der Hütte noch einmal ins Gedächtnis zurück und durchsuchte sie in Gedanken fieberhaft nach weiteren Hinweisen. „Ich habe eine Idee!" Sie hielt Tracy am Ärmel fest.
„Lasst uns weitergehen!", drängte Holly. Dicke Regentropfen fielen auf ihre nackten Arme. Ein richtiger Wolkenbruch wäre wirklich die Krönung dieses grässlichen Tages.
Belinda redete hastig weiter. „Er muss die Cola irgendwo hier in der Nähe gekauft haben! Zwei Sechserpackungen sind schließlich nicht leicht zu tragen. Jetzt brauchen wir nur in den Ort zu gehen und im Laden nachzufragen, wer die Cola gekauft hat. Dann bekommen wir eine Beschreibung, mit der wir sicher etwas anfangen können."
Holly nickte. Allmählich begann sich das Puzzle zu einem Bild zusammenzufügen. Sie war überzeugt, dass sie bald wissen würden, wer der geheimnisvolle Fremde war, der sich in der Hütte versteckte. „Das machen wir sofort, wenn wir zurückkommen. Es gibt im Dorf nur einen Laden; da sollte es uns also nicht schwer fallen, ein paar neue Hinweise zu bekommen!"
Trotz des Regens waren die drei jetzt viel fröhlicher und rannten am Ufer entlang. „Aber was ist mit dem dritten Rätsel?", fragte Belinda. „Wie finden wir heraus, von wem das Blut stammt?"

Darüber mussten sie erst einmal nachdenken. "Vielleicht sollten wir zum nächsten Arzt gehen und fragen, ob er in letzter Zeit jemanden mit einer Wunde behandelt oder gegen Tetanus geimpft hat?", schlug Tracy vor.
"Das dürfte er uns nicht sagen", widersprach Holly. "Das fällt unter die ärztliche Schweigepflicht."
"Dann fragen wir eben im Dorf herum. Vielleicht ist jemandem eine Verletzung aufgefallen", sagte Belinda. "Allerdings glaube ich nicht, dass unser ‚Er' sie offen zur Schau gestellt hat. Ich vermute eher, dass ihm daran liegt, jedes Aufsehen zu vermeiden."
"Hmmm." Holly dachte nach. "Und was ist mit dem Stoffstreifen in der Schüssel? Blauer Jeansstoff. Vielleicht ein Streifen von einem Jeanshemd? Eine Jeanshose war es sicher nicht; dafür war der Stoff zu dünn."
Tracy und Belinda nickten. Der Regen rauschte herab, und ihre Turnschuhe saugten sich voll mit Wasser aus den Pfützen. Alle drei waren nass bis auf die Haut. Holly kam ein Gedanke, und sie blieb wieder stehen.
"Wartet mal!", rief sie aufgeregt. "Welche Farbe hatte das Hemd von Daniel?" Regen strömte von ihren Haaren und rann ihr übers Gesicht.
"Blau!", sagten Tracy und Belinda wie aus einem Mund. Sie ließen die Öltonne achtlos auf den Boden fallen und sahen einander fassungslos an. Sie mussten wieder daran denken, wie sich das blaue Hemd von den dunklen Felsen abgehoben hatte, kurz bevor Daniel abgestürzt war.
"Aber er ist tot", sagte Holly. Sie hatte gehört, wie sein Körper aufs Wasser aufschlug, und hatte gesehen, wie er mit ausgebreiteten Armen in die Tiefe gestürzt war.
"Nein, vergesst es. Es ist unmöglich. Wie kann es eine

Verbindung zwischen Daniel und der Person in der Hütte geben?"
Belinda und Tracy runzelten die Stirn. „Ja, das können wir wohl vergessen. Es muss ein Zufall sein", stimmte Belinda ihr zu. Sie bückten sich, um das Fass wieder hochzuheben.
„Schade, ich hatte gehofft, dass du Recht hast", sagte Tracy. „Aber es stimmt – unzählige Leute tragen Jeanshemden. Das muss nichts bedeuten."
Daniel war tot. Die Polizei hatte im See keine Spur von ihm gefunden, und der neueste Stand war, dass sie jetzt im Radio nach Angehörigen von ihm suchten.
Holly nickte. Eigentlich war sie froh, Daniels Todessturz wieder aus ihrem Gedächtnis verbannen zu können. Schließlich hatten sie genug damit zu tun, das Geheimnis um den Hüttenbewohner zu lösen. „Ich denke, dass wir uns ein paar Notizen machen sollten, wenn wir zurückkommen", sagte sie. „In unserem Mystery-Club-Notizbuch, damit wir nichts Entscheidendes vergessen."
Belinda und Tracy nickten.
Die drei trotteten weiter durch den Regen, tief in Gedanken versunken.

7
Blauer Jeansstoff

Belinda, Tracy und Holly konnten es kaum erwarten, das Geheimnis um Rover's Cottage zu lösen. So schleppten, zogen und schoben sie die verhasste Öltonne im Eiltempo um den See herum. Als sie wieder am Herrenhaus ankamen, schmerzten ihnen Arme und Beine, und allein der Anblick der verbeulten und zerkratzten Tonne machte sie wütend.

„Gut gemacht." Jo Thomas öffnete das Schiebefenster ihres Büros und beugte sich hinaus, um ihnen zu gratulieren. „Ihr habt einen neuen Rekord aufgestellt. Das muss ich Mike erzählen!"

Tracy lächelte. „Wo ist er eigentlich?"

„Noch unten am See, nehme ich an. Warum fragst du?" Jo sah zu, wie die Mädchen das Fass wieder in die Ecke rollten, in der es auch vorher gestanden hatte.

„Wir wollten fragen, ob wir ins Dorf gehen dürfen." Tracy wischte sich das Gesicht mit der Vorderseite ihrer Bluse ab.

Jo lächelte. „Mike wird sicher nichts dagegen haben. Von mir aus könnt ihr ruhig gehen."

„Super!" Holly ging schnurstracks aufs Tor zu, und Belinda und Tracy folgten ihr.

„Halt!", rief Jo ihnen nach. „Wollt ihr nicht erst duschen und euch umziehen? Danach könnt ihr dann meinetwegen ins Dorf gehen."
Die drei machten kehrt und trotteten zurück ins Haus.
„Fünf Minuten!", rief Belinda, die sich ihr Handtuch geschnappt hatte und schon Richtung Duschraum rannte. „In fünf Minuten treffen wir uns wieder hier!"
„Abgemacht!" Die Freundinnen spurteten hinter ihr her.
„Man könnte meinen, das Dorf verschwindet wie Schnee in der Sonne", bemerkte Jo. Sie hob verwundert die Brauen, als sie den Mädchen das nächste Mal begegnete, frisch geduscht und umgezogen und bereit loszugehen. „Aber es ist in einer halben Stunde bestimmt auch noch da!"
Die Mädchen lachten. Endlich entwickelte sich der Tag so, wie sie gehofft hatten. Es war später Nachmittag, und sie hatten eine Spur, die sie in den Gemischtwarenladen des Ortes führte. Die drei waren entschlossen herauszufinden, wen Mike in der Hütte gesucht hatte und, wenn möglich, auch warum. Selbst die Wolkendecke war inzwischen aufgerissen, und die Sonne kam wieder heraus.
Die drei rannten die Straße hinunter, über ein Feld zum Fluss, und folgten dann dem Fußweg ins Dorf. Es bestand nur aus einer langen, kurvigen Straße, die von schiefergedeckten Häusern gesäumt war. Das weiß verputzte Gasthaus stand genau gegenüber der Kirche, und der Briefkasten hing vor dem einzigen Laden des Ortes. Die Mädchen blieben stehen und lasen das Schild über dem Laden: „Cordingleys Gemischtwarenhandel". Auf

den Regalen stapelten sich Dosen, Packungen, Obst und Gemüse und Zeitungen.
„Bereit?", fragte Belinda. Sie presste ihr Gesicht gegen die Ladentür, in der Hoffnung, drinnen ein Lebenszeichen zu entdecken.
Holly schaute noch mal zu dem Schild auf. „Es ist zumindest einen Versuch wert!", sagte sie schließlich.
Die Türglocke läutete, als Tracy die Tür aufstieß. Ein kleiner, dicker Mann in einer hellbraunen Strickjacke kam aus dem Hinterzimmer. „Ja?", fragte er misstrauisch, als wären selten Kunden in seinem Geschäft.
Belindas Augen hatten sich inzwischen an das Halbdunkel im Laden gewöhnt. Sie entdeckte die Eistruhe. „Drei Vanillebecher!", sagte sie, ohne lange zu überlegen. „Bitte!" Sie bedachte den Geschäftsinhaber mit einem gewinnenden Lächeln.
„Drei, sagtest du?" Der alte Mann legte eine Hand hinter das Ohr.
„Ja, bitte!" Belinda zeigte sich immer noch von ihrer freundlichsten Seite. „Und drei Dosen Cola, bitte!"
Tracy und Holly standen neben ihr und nahmen ihre Eisbecher vom alten Mr Cordingley entgegen.
„Drei?", wiederholte er. Er nahm einen Bleistift zur Hand und begann, sich Notizen auf ein Stück Papier zu machen. „Oh, anscheinend muss ich Cola nachbestellen", murmelte er und schlurfte hinter der Theke hervor.
„Ich schätze, Sie verkaufen eine Menge davon, nicht wahr?", fragte Belinda beiläufig und deutete auf das halb leere Regal mit den Dosen.
„Oh, ja. Die jungen Leute lieben das Zeug." Er musste tief in das Regal greifen.

Belinda plauderte weiter. „Haben Sie auch Sechserpackungen?"
„Was?", fragte er streng und hielt wieder die Hand hinter das Ohr. „Hast du gesagt, dass du eine Sechserpackung haben willst?"
„Ja, warum nicht!", rief Holly und stieß Belinda an. „Wir sind so durstig, dass wir eigentlich auch sechs Dosen nehmen können!"
„Damit kann ich nicht dienen", erwiderte der Ladenbesitzer. „Ich führe keine Sechserpackungen. Habe ich noch nie. Ist nicht genug Platz dafür!" Er stand unbeweglich da, mit einem Arm im Regal.
„Gut, dann geben Sie uns bitte nur drei einzelne Dosen." Holly seufzte. Sie spürte, wie ihr Lächeln schwand, als sie in der Hosentasche nach Kleingeld grub.
Tracy nahm die Dosen in Empfang. „Einen schönen Tag noch", sagte sie laut zu dem alten Mann. Dann verließen sie unter dem Klingen der Türglocke das Geschäft.
„So ein Mist", fluchte Belinda vor dem Laden und löffelte ihr Eis. „Es schien eine so gute Idee zu sein."
„Das war es auch", bestätigte Holly. „Sie hat uns nur nicht sehr weit gebracht." Auf der schmalen Dorfstraße rasten Autos hin und her. Holly beobachtete ein rotes Auto, das vorüberfuhr, und dann ein blaues, das auf den Parkplatz der Gaststätte einbog.
„Zur Krone". Tracy konnte das neue, helle Schild sogar aus einer Entfernung von fünfzig Metern erkennen. „He, die Kneipe!" Sie strahlte über das ganze Gesicht. „Worauf wartet ihr noch?"
Holly und Belinda folgten ihr die Straße hinunter.

„Wir versuchen es hier!" Tracy hatte die Gaststube bereits betreten. „In einer Kneipe kann man doch sicher auch Cola kaufen!"
Als die Frau hinter der Bar sie entdeckt hatte, kam Tracy sofort auf den Punkt. „Hallo, vielleicht können Sie uns helfen. Wir suchen jemanden", erklärte sie. Die Frau sah sie erwartungsvoll an. Sie polierte Gläser und stellte sie hinter sich auf ein Regal. „Jemanden, der vor kurzem, vielleicht gestern oder vorgestern, ein Dutzend Coladosen bei Ihnen gekauft hat."
Sie schien zu überlegen. „Oh, daran würde ich mich auf jeden Fall erinnern", sagte sie. „Ein Dutzend wird schließlich nicht jeden Tag verlangt. Aber ich fürchte, ich kann euch nicht helfen ..." Sie legte ihr Geschirrtuch auf die Bar und lachte kurz auf. „Aber wie sollte ich auch?"
„Wie bitte?", fragte Holly verwirrt.
„Ich hatte die beiden letzten Tage frei!"
„Ach!" Holly ließ den Kopf hängen. Wieder eine Sackgasse.
„Ist es denn wichtig?", fragte die Frau und sah die drei genau an.
„Ja." Holly beschloss, es mit Ehrlichkeit zu versuchen. „Wir versuchen herauszufinden, wer in einer alten Schäferhütte haust. Wir glauben, dass er verletzt ist und Hilfe braucht." Sie wollte ihre Erklärung möglichst einfach halten und Mike Sandfords vergebliche Suche nicht erwähnen.
„Und es ist jemand mit großem Durst, sagst du?" Zum Glück schien die Frau genau so für Geheimnisse zu schwärmen wie die Mädchen. „Meinst du zufällig

Rover's Cottage?" Sie neigte den Kopf zur Seite. „Ich habe nämlich gehört, wie Colin erwähnte, dass sich dort oben jemand herumtreibt und in der Hütte übernachtet."
„Und wer ist Colin?", warf Tracy schnell ein.
„Er ist der Wirt. An meinen freien Tagen steht er hinter der Bar. Einen Moment, ich hole ihn her." Die Frau verschwand im Hinterzimmer und ließ die Mädchen in der gemütlichen, mit roten Teppichen ausgelegten Gaststube zurück.
Holly sah ihre Freundinnen aufgeregt an. „Wetten, dass wir jetzt eine Beschreibung kriegen?"
Doch sie mussten bald feststellen, dass Colin kein guter Beobachter war. Er kam in Hausschuhen und einem alten, grauen Pullover in die Bar geschlurft und sagte kaum mehr als „äääh" und „ähm". Ja, es hatte jemand zwei Sechserpackungen Cola bei ihm gekauft. Nein, er konnte sich kaum noch erinnern. Irgendein Junge, der ziemlich abgerissen aussah. Deshalb hatte er auch gedacht, dass er wahrscheinlich von zu Hause weggelaufen war, und solche Kinder versteckten sich oft in Rover's Cottage. Das hatte er auch schon zu Lorna gesagt.
„Ja, das wissen die Mädchen bereits", unterbrach ihn die Frau. „Aber was sie nicht wissen, ist, wie er aussah."
Der Gaststättenbesitzer zuckte mit den Achseln. „Durchschnittlich. Heutzutage sehen doch alle jungen Leute gleich aus. Er war größer als ich und leider auch dünner!" Er klopfte auf seinen Bierbauch.
„Blond oder dunkel?", fragte Holly.
„Irgendwie mausfarben, aber eher dunkel als blond, denke ich." Colin trommelte mit den Fingern auf den

kupferbeschlagenen Bartresen. „Ach, Lorna, beinahe hätte ich es vergessen: Draußen im Garten sitzen drei Gäste, die Sandwiches bestellt haben. Kümmerst du dich bitte darum?"
Holly war klar, dass ihre Anwesenheit nicht länger erwünscht war, doch sie unternahm noch einen weiteren Versuch. „Sind Sie sicher, dass Sie sich an nichts anderes mehr erinnern können? Auch nicht daran, was er angehabt hat?"
Colin war schon auf halbem Weg in die Küche. „Das Übliche. Jeans. Ein schmutziges Jeanshemd. Das ist alles, was ich weiß." Er zuckte mit den Achseln und verschwand.
„Ein Jeanshemd!", flüsterte Belinda aufgeregt.
Hastig bedankte sich Holly bei Lorna, und die drei verließen die Gaststube.
„Ich hoffe, ihr findet ihn!", rief Lorna ihnen nach.
„Er war also hier. Er hat Cola gekauft. Er hat ziemlich dunkle Haare, ist groß und sieht abgerissen aus. Was noch?" Tracy versuchte zusammenzufassen, was sie bisher in Erfahrung gebracht hatten.
„Hier im Dorf kennt ihn niemand", stellte Holly fest. „Denn sonst hätte sogar Colin ihn wieder erkannt!"
Belinda lächelte. „Nicht schlecht für den Anfang. Vielleicht sollten wir als Nächstes noch einmal zur Hütte gehen und nachsehen, was wir dort noch finden."
„Und wenn er noch da ist?", fragte Tracy. „Dann wird er wahrscheinlich wieder weglaufen, und wir sind so schlau wie vorher."
Als sie um die nächste Ecke kamen, standen sie vor dem Gartenrestaurant der Gaststätte. Es war von einer Rosen-

hecke umgeben, und am Eingang stand ein hölzernes Rosenspalier.
Plötzlich blieb Tracy stehen und ging hinter der Rosenhecke in Deckung.
„Was ist los?" Auch Holly hatte sich geduckt und Belinda mitgezogen.
„Da, im Garten!", flüsterte Tracy. „An dem Tisch dort hinten in der Ecke. Seht ihr, wen ich sehe?"
Sie starrten durch Unmengen grüner Blätter, Dornen und rosa Blüten. An dem schmiedeeisernen Tisch in der Ecke saßen Mike Sandford, Tony Carter und Rob Slingsby, die beiden Sozialarbeiter, die für Daniel verantwortlich gewesen waren.
„Ich wusste gar nicht, dass die sich kennen!", stieß Holly hervor. „Mike hat nie davon gesprochen, weder vor der Polizei noch vor sonst jemandem!"
„Sie kennen sich aber", sagte Belinda.
Die Männer waren so in ihr Gespräch vertieft, dass die Mädchen sich im Schutz der Hecke immer näher an sie heranschleichen konnten, bis sie jedes Wort verstanden.
„Amsterdam", sagte Rob Slingsby.
„In Amsterdam wissen sie, wie man schneidet und poliert. Deshalb habe ich mich dorthin gewandt", erklärte Tony Carter mit verschwörerischer Stimme.
Mike nickte. „Das werden wir bald sehen. Aber wann genau?"
„Wir fahren noch heute Nacht zurück nach Zeebrügge. Dann treffen wir unsere Mittelsmänner in Amsterdam, schließen das Geschäft ab und sind morgen Mittag wieder hier." Rob Slingsby versuchte seine Aufregung zu verbergen. Er nahm seine Brille ab und polierte

sie mit seinem Taschentuch. Dann setzte er sie wieder auf.
Tracy runzelte die Stirn. „Wovon sprechen die bloß?", flüsterte sie.
Holly legte einen Finger auf ihre Lippen. „Keine Ahnung", wisperte sie. „Aber es hört sich nicht an, als würden sie ihren nächsten Urlaub planen!"
Belinda nickte. „Die drei dürften sich nicht einmal kennen!", betonte sie noch einmal.
Tony Carter schwieg, als Lorna an den Tisch kam und Sandwiches und Getränke brachte. Er nahm einen großen Bissen und sprach dann mit vollem Mund weiter. „Von nun an müssen wir aber dafür sorgen, dass Martin uns nicht mehr in die Quere kommt!", sagte er. „Ich will nicht, dass er uns noch mehr Ärger macht!"
„Dafür sorge ich schon." Mike sah sich hektisch um. Holly, Tracy und Belinda zogen den Kopf ein. „Martin ist erledigt, klar? Zumindest wird er es sein, wenn ich das kleine Schwein erwische!"
„Und wann wird das sein?" Rob betrachtete sein Sandwich, und die Mädchen riskierten einen weiteren Blick durch die Hecke. Jetzt biss er ein kleines Stück von seinem Brot ab.
„Heute Nacht."
Rob und Tony Carter nickten. „Aber mach es diesmal richtig", betonte Carter. „Denk daran – der Kerl ist wie eine Katze, und die haben bekanntlich neun Leben!"
Die Männer lachten über diesen Witz.
„Kein Problem", sagte Mike. „Heute Nacht ist er fällig."
Rob Slingsby hatte sein Sandwich aufgegessen, kippte sein Bier herunter und wischte sich dann den Mund ab.

„Das ist deine Sache", sagte er. „Wir sind nicht hier. Jetzt müssen wir nur noch einen Ort und eine Zeit für unser nächstes Treffen ausmachen."
„Hauptsache, du bist dir sicher wegen Martin!" Carter schien das Ganze stärker zu beunruhigen als Slingsby. Er zerrte nervös an seinem Krawattenknoten.
„Vergiss ihn doch endlich!", fauchte Mike. „Ich habe ihn in der Hand; er kann unmöglich zur Polizei rennen und uns verpfeifen. Jetzt muss ich ihn nur noch für immer zum Schweigen bringen."
„Schon gut, schon gut!" Slingsby beendete den Streit, indem er seinen Stuhl zurückschob und aufstand. „Zeit und Ort?", fragte er Mike.
„Nicht hier", antwortete dieser. „Hier kennt jeder jeden. Sagen wir Windermere, Freitagmittag um zwölf. Wir treffen uns in dem Café am Wasser, wo die Dampfer anlegen. Ihr werdet es bestimmt finden." Mike erhob sich ebenfalls. Er war so groß wie Slingsby, aber kräftiger gebaut. Die beiden gaben sich die Hand, und dabei fiel den Mädchen auf, dass über der Schnittwunde in Slingsbys Arm ein großes Pflaster klebte. „Ich erwarte, dass ihr die Ware mitbringt", betonte Mike.
Slingsby nickte. „Natürlich."
Durch die Rosensträucher sahen Holly, Tracy und Belinda, wie die Männer zum Tor des Gartenrestaurants gingen, das auf die Hauptstraße führte. Holly zupfte an Tracys Ärmel, weil sie fürchtete, die Freundin würde zu früh aufspringen. Doch Tracy verlor das Gleichgewicht und stürzte in die Hecke. Die Rosenzweige raschelten, und ein Schauer von rosa Blütenblättern schwebte zu Boden. Mike Sandford drehte sich blitzschnell um.

„Was war das?", knurrte er und stürmte über den Rasen auf die Mädchen zu.

„Oh nein!", stieß Holly hervor, und die Mädchen erstarrten vor Angst.

„Tut so, als wären wir nur zufällig hier vorbeigekommen!", zischte Belinda und zerrte Tracy aus der Rosenhecke.

Holly hustete und zupfte Blütenblätter aus Tracys Haaren. Mike hatte sie inzwischen entdeckt.

„Nicht ihr schon wieder!", rief er.

Slingsby und Carter rannten durch das Rosenspalier, um den Mädchen den Rückweg abzuschneiden.

„Wir ... wir waren einkaufen", stotterte Belinda. Sie versuchte, unbekümmert zu klingen. „Was für ein Zufall, Sie hier zu treffen!"

Diesmal machte sich Mike nicht einmal die Mühe, seine Verärgerung zu verbergen. „Ich hasse es, wenn man mir nachspioniert. Ist das klar?"

Die drei nickten, ließen den Kopf hängen und warteten auf das Unvermeidliche.

„Ihr geht jetzt sofort zurück zum Haus und wartet dort auf mich", befahl er. „Und erwartet nicht, dass ich euch das durchgehen lasse", warnte er. „Diesmal seid ihr entschieden zu weit gegangen!"

8
Neue Erkenntnisse

Holly, Tracy und Belinda joggten zurück nach Butterpike Hall und wagten sich gar nicht vorzustellen, was sie von Mike zu hören bekommen würden.
„Aber die drei dürften sich gar nicht kennen!", empörte sich Holly wieder einmal. Die Tatsache, dass Mike, Carter und Slingsby zusammen an einem Tisch gesessen hatten, hatte sie so überrascht, dass sie unvorsichtig geworden waren.
„Aber sie kennen sich", sagte Tracy. „Vielleicht sollten wir allmählich wirklich anfangen, uns Notizen zu dem Fall zu machen."
„Gute Idee", sagte Holly. „Wenn wir zurück sind, gehe ich gleich nach oben und hole unser Notizbuch aus meinem Schrank."
Sie rannten den Fußweg entlang Richtung Herrenhaus.
„Müssen wir so rennen?", keuchte Belinda. Joggen war genau wie Bergsteigen etwas, das ihr überhaupt nicht lag.
„Ja, wir müssen uns beeilen", sagte Tracy. „Dann können wir unsere Notizen machen, bevor Mike zurückkommt."
Sie rannten weiter und konnten es kaum abwarten, ihre Gedanken zu Papier zu bringen.

Als Mike kam, erwischte er sie im Spieleraum. Die drei hatten ihn nicht kommen hören, und Holly musste Belinda das rote Mystery-Club-Notizbuch wegnehmen und es schnell in ihrer Hemdtasche verschwinden lassen. Mike sah sie misstrauisch an, lehnte sich gegen den Billardtisch und starrte die drei Mädchen mit kaltem Blick an. „Gebt ihr zu, dass ihr mir nachspioniert habt?", fragte er.

„Nicht direkt spioniert", versuchte Holly sich zu verteidigen. „Es war eigentlich eher Zufall. Wir haben nicht damit gerechnet, Sie zu sehen." Zumal nicht in Gesellschaft dieser beiden Männer, hätte sie am liebsten hinzugefügt.

„Also ist es eine Angewohnheit von euch, hinter Rosenbüschen in Deckung zu gehen?" Er hob fragend die Brauen, griff sich ein Billardqueue und betrachtete die Metallspitze. Dann beugte er sich nach vorn und führte einen Stoß. Eine rote Kugel schoss über den grünen Filz und verschwand in einem Loch.

Holly warf Tracy und Belinda einen verwirrten Blick zu. Die drei standen verunsichert vor dem Fenster, warteten auf einen Wutanfall und verstanden nicht, warum Mike so ruhig war. Schließlich hatte er gedroht, ihnen ihr Verhalten diesmal nicht durchgehen zu lassen.

Doch er spielte weiter Billard, während er sprach. „Ein so schrecklicher Kerl bin ich doch gar nicht, oder?" Er grinste. „Normalerweise gehen die Leute nicht hinter Rosensträuchern in Deckung, wenn sie mich sehen."

„Taktischer Fehler!", wisperte Belinda Tracy zu. „Wir hätten ganz locker weitergehen sollen!"

„Das ist schwierig, wenn man gerade in einem Rosenstrauch liegt", zischte Tracy zurück.
Holly fragte sich, was Mike wohl vorhatte.
Mike ging um den Tisch herum, visierte die schwarze Kugel an und zielte. Das Queue traf die weiße Kugel und diese wiederum die schwarze, die in einem Seitenloch verschwand. Er richtete sich auf und lächelte.
„Hört mal", sagte er betont vernünftig, „ich weiß, dass ihr ständig auf der Suche nach irgendeinem Geheimnis seid, das ihr aufklären könnt. Ich schätze, dagegen könnt ihr nichts tun."
Die drei Mädchen warteten auf beißenden Sarkasmus. Warum schrie er sie nicht an und tobte?
Mike lehnte sein Queue gegen den Tisch. „Aber meint ihr nicht, dass es allmählich reicht?" Er verschränkte die Arme. „Kann ich nicht einmal in die ‚Krone' gehen und dort ein Bier trinken, ohne dass ihr mir nachspioniert?"
Holly räusperte sich und verschränkte die Hände hinter dem Rücken. „Wir waren nur überrascht, das ist alles."
„Weshalb? Weil ich mich gelegentlich mit Freunden treffe?"
„Nein. Weil wir nicht wussten, dass Sie Mr Slingsby und Mr Carter kennen." Jetzt musste er explodieren.
Er hob die Brauen, und die Andeutung eines Lächelns erschien auf seinem Gesicht. „Und das ist in euren Augen ein Verbrechen?"
„Nein, aber …"
„Wir kennen uns erst seit dem Unfall. Wir haben uns zu einem Drink getroffen. Uns allen ist der Tod dieses Jungen sehr nahe gegangen. Wir haben uns mitschuldig gefühlt." Mike machte jetzt ein ernstes Gesicht und sprach

sehr leise. „Wir haben beschlossen, in Kontakt zu bleiben, für den Fall, dass die Polizei etwas herausfindet."
Holly nickte. „Das wäre möglich", sagte sie sich. „Aber es passt nicht zu der Unterhaltung, die wir gehört haben."
„Auf jeden Fall", fuhr Mike fort, „habe ich dadurch die Gelegenheit bekommen, reinen Tisch mit euch zu machen. Und ich schlage vor, wir vergessen das Ganze. Wollen wir noch einmal von vorn anfangen?"
„Okay." Holly nickte. Sein plötzlicher Sinneswandel war ihr noch immer nicht geheuer. Sie warf ihren Freundinnen einen Blick zu. „Und vielen Dank."
Er lachte. „Keine Ursache. Als ich hereinkam, habt ihr ausgesehen, als würdet ihr ein fürchterliches Donnerwetter erwarten. Ihr wart ziemlich blass! Dachtet ihr, dass ich euch nach Hause schicke oder so etwas?" Noch immer lachend ging er zur Tür.
„Aber nein!" Tracy schüttelte zwar den Kopf, doch die versteckte Drohung war ihr nicht entgangen.
„Nun, das werde ich auch nicht. Zumindest diesmal nicht!" Er nickte den Mädchen zu und verließ den Raum. Die drei konnten hören, wie er auf dem Flur ein Lied pfiff.
Belinda holte tief Luft. „Was geht hier eigentlich vor?"
Tracy nahm die weiße Kugel in die Hand und ließ sie über den Tisch rollen. Sie prallte von der Bande ab und kam zum Stillstand. „Vielleicht ist er trotz allem ein netter Kerl?"
„Vielleicht." Belinda war immer noch erleichtert, dass er sie nicht angebrüllt hatte. Sie hasste es, wenn Menschen laut wurden.

„Vielleicht aber auch nicht." Holly knöpfte ihre Hemdtasche wieder auf und zog das rote Mystery-Club-Notizbuch heraus. „Wo waren wir stehen geblieben?", fragte sie und sah sich um.

„Ich sehe nach, ob die Luft rein ist." Belinda ging zur Tür. Es war fast Zeit zum Abendessen, und der Flur war menschenleer. „Alles klar!" Die drei beugten sich über den Billardtisch und steckten die Köpfe zusammen.

„Glauben wir Mike Sandford?", fragte Holly. Diesen Satz hatte sie vorhin schon aufgeschrieben und die Seite in zwei Spalten aufgeteilt. Jetzt schrieb sie „Ja" über die linke Spalte und „Nein" über die rechte.

Tracy zeigte auf die linke. „Ja, weil es wahr sein könnte. Bestimmt hat der Absturz des Jungen die Männer sehr belastet, und es ist durchaus denkbar, dass Mike mit den Sozialarbeitern in Kontakt bleiben wollte." Holly notierte es. „Und ja, weil er seine Arbeit gut zu machen scheint. Jo Thomas hat ihn anscheinend gern in ihrem Team." Mehr fiel Tracy nicht ein.

„Wie ist es mit der anderen Spalte?", fragte Belinda. Dann fing sie an, Gründe aufzuzählen. „Nein, wir glauben ihm nicht, weil die drei in dem Gartenrestaurant ziemlich zufrieden aussahen. Sie machten nicht den Eindruck, als wären sie besonders traurig, sei es nun wegen des Jungen oder sonst etwas."

Holly nickte und schrieb alles auf. „Und sie haben auch nicht lange gebraucht, um dieses Geschäft zu vereinbaren – zumal sie sich ja angeblich erst seit Montag kennen", erinnerte sie die anderen. „Dieses ganze Gerede über Amsterdam!"

„Schreib das auf!" Tracy war plötzlich aufgeregt. „Ich

glaube, dass es bei diesem Geschäft um etwas Illegales geht!"

Holly schaute auf. Sie biss auf dem Ende ihres Stiftes herum, und auf ihrer Stirn hatten sich tiefe Falten gebildet. „Amsterdam", sagte sie langsam. „Schneiden und polieren ... Diamanten!"

„Wie bitte?" Belinda verstand nicht, worauf Holly hinauswollte.

„Das ist es!", rief Holly aus. „Ich habe darüber einmal einen Bericht im Fernsehen gesehen. Amsterdam ist berühmt für seine Diamantschleifereien. Aus Afrika importierte Rohdiamanten werden dort zu funkelnden Schmuckstücken verarbeitet. Vielleicht haben die drei davon gesprochen!"

„Afrika?" Tracy hatte eine Idee. „War Mike dort nicht auf Safari? Vielleicht handelt er jetzt mit Diamanten!"

Die drei sahen einander aufgeregt an. Auf einmal ergab das Gespräch, das sie im Restaurant belauscht hatten, einen Sinn.

„Aber das ist nicht verboten, oder?" Tracy überdachte diese neue Möglichkeit. „Ich meine, Leute dürfen doch Diamanten kaufen und verkaufen oder nicht?"

„Wenn sie es sich leisten können", gab Holly zu bedenken. „Aber warum sollte Mike immer noch als Sportlehrer arbeiten, wenn er stattdessen vom Diamantenhandel leben könnte?"

„Vielleicht war es sein erster Coup?", überlegte Tracy. Sie betrachtete die beiden Spalten in ihrem roten Notizbuch. Bisher waren beide ungefähr gleich lang. Einige Sekunden herrschte Schweigen.

„Denken wir noch einmal an die Hütte", schlug Holly

vor. „Vielleicht müssen wir nur die Ereignisse dort aus einem anderen Blickwinkel sehen."
„Also gut, zuerst hat Mike die Tür aufgebrochen", sagte Belinda. „Dann hat er nach jemandem gesucht, aber nicht nach uns. Und er war wütend. Das sind drei weitere Punkte für die ‚Nein'-Spalte."
„Und dieser ‚Jemand' ist verletzt worden", fügte Tracy hinzu. „Mike war dort, um ihn zu holen. Wisst ihr noch, was er gesagt hat?"
Holly erinnerte sich an jedes Wort. „Er hat gesagt, ‚Ich weiß, dass du da oben bist, du kleines Schwein!'" Die Worte gingen ihr im Kopf herum wie ein Echo. Sie hatte sie erst vor kurzem gehört. Aber wann? Wo? „Kleines Schwein", wiederholte sie nachdenklich.
„Martin!" Tracy war darauf gekommen. „So hat Mike den mysteriösen Martin genannt, als er mit Slingsby und Carter gesprochen hat. Er hat ihn als ‚kleines Schwein' bezeichnet. ‚Martin ist erledigt, klar? Zumindest wird er es sein, wenn ich das kleine Schwein erwische!'"
„Das ist ein Durchbruch!" Belinda deutete hektisch auf die „Nein"-Spalte. „Schreib es auf, Holly! Mike ist hinter jemandem namens Martin her, der sich in Rover's Cottage versteckt! In der Nacht, in der ich mich verlaufen habe, muss ich ihn aus der Hütte vertrieben haben. Deswegen ist Mike die ganze Zeit so wütend auf uns!"
Holly notierte alles. „Aber wer ist dieser Martin?", fragte sie. Tracy ließ noch immer die weiße Kugel über den Tisch rollen, konzentrierte sich jedoch auf das Problem. Belinda war zum Fenster gegangen und sah hinaus auf den Rasen, den Eichenwald und die dahinter liegende Hügellandschaft. „Wir wissen vom Wirt der

‚Krone', dass es ein schlanker, dunkelhaariger Junge ist. Er ist verletzt, vermutlich aber nicht schwer."
„Er hat Angst", fügte Tracy hinzu.
„Und Mike ‚hat ihn in der Hand'." Belinda erinnerte sie wieder an diesen Ausdruck.
„Verletzt. Dunkel. Groß. Und schlank." Holly wiederholte die vage Beschreibung des Gastwirts. Ihr kam ein Gedanke. „Wisst ihr, dass das auch die Beschreibung des Jungen sein könnte, der abgestürzt ist? Daniel war doch auch groß und dunkelhaarig, oder?" Sie sprach nicht weiter, denn es war einfach unmöglich. Daniel war tot.
„Nein, warte!" Belinda sprang von der Fensterbank und nahm Holly das Notizbuch aus der Hand. „Was ist, wenn Daniel gar nicht in diesen See gestürzt ist? Wenn er den Männern hinter den Felsen entkommen ist?"
Tracy nickte. „Das wäre möglich. Immerhin haben wir viel Geschrei und Kampflärm gehört."
„Und Rob Slingsby kam mit dieser Schnittwunde am Arm wieder zum Vorschein", erinnerte sich Holly. „Selbst Tony Carter sah ein wenig mitgenommen aus. Er hatte sein Jackett verloren, und das Hemd hing ihm aus der Hose!"
Belinda spann den Faden weiter. „Also hat Daniel die drei abgeschüttelt. Er ist über die Felsen entkommen und hat sich in der Hütte versteckt." Sie hielt inne. „Was ist daran auszusetzen?"
„Dass wir einen Menschen in den See fallen sahen. Einen Menschen, der nie gefunden wurde", sagte Tracy. Sie ließ die Kugel über den Billardtisch trudeln und sah zu, wie sie von der Bande abprallte. Sie rollte auf ein

Eckloch zu, schien zum Stillstand zu kommen und fiel dann doch hinein.

„Und wenn alles vorgetäuscht war?", rief Holly plötzlich. „Was ist, wenn Daniel überhaupt nicht abgestürzt ist? Vielleicht haben die drei das Ganze nur erfunden! Ich weiß, dass es sich verrückt anhört, und ich weiß auch nicht, wie sie es gemacht haben, jedenfalls noch nicht! Aber vielleicht hat Mike das gemeint, als er sagte, er hätte ihn ‚in der Hand'!"

„Aber er hat von Martin gesprochen, nicht von Daniel!", gab Belinda zu bedenken.

Die beiden Namen sausten durch Hollys Kopf. Martin, Daniel. Daniel, Martin. „Daniel Martyn!", rief sie triumphierend. „Daniel ist Martin! Sie sind ein und dieselbe Person!"

Es war, als hätte sich der Nebel über einem Berg plötzlich gelichtet; es war, als könnten die drei auf einmal unendlich weit sehen. Belinda und Tracy gratulierten Holly. Endlich ergaben die Hinweise, die sie gesammelt hatten, einen Sinn.

„Aber warum?", fragte Belinda. Die drei hatten ihr Abendessen heruntergeschlungen und waren dann in den Schlafsaal gerannt, um sich umzuziehen. Die meisten anderen Teilnehmer hatten sich irgendeine Beschäftigung gesucht, nachdem Jo verkündet hatte, dass dieser Abend jedem zur freien Verfügung stand. „Warum sollte Mike Sandford so tun, als wäre Daniel Martyn bei dem Sturz ums Leben gekommen?" Sie streifte sich ihr grünes Sweatshirt über den Kopf. Abends war es in den Bergen recht kühl.

„Genau das müssen wir herausfinden!", verkündete

Tracy. Sie war bereits fertig und wartete an der Tür. „Bringt jemand von euch eine Taschenlampe mit?"
Holly steckte die Lampe ein, die auf ihrem Nachttisch lag. „Wir werden sie vielleicht nicht brauchen, aber es ist sicherer, sie mitzunehmen. Geht's los?"
„Wollen wir einfach den Berg hinaufstürmen, auch auf die Gefahr hin, dass uns jemand sieht?", fragte Belinda.
„Uns langsam anzuschleichen, hat keinen Sinn", sagte Holly. Ihre Nerven waren zum Zerreißen gespannt. Mike Sandfords Satz ‚Heute Nacht ist er fällig' ging ihr nicht aus dem Kopf. „Die Hauptsache ist, dass wir vor Mike in der Hütte sind. Was kann er Daniel schon tun, wenn drei Zeugen dabei sind?"
Sie rannten über den Rasen, und Belinda schnappte nach Luft. „Er könnte uns zum Beispiel zum Haus zurückschicken", keuchte sie.
„Heute ist unser freier Abend", sagte Tracy. „Wir können gehen, wohin wir wollen. Holly hat Recht; wir müssen einfach nur dort sein, selbst wenn das bedeutet, dass wir Daniel wieder verjagen. Zumindest kann Mike ihm dann nichts tun."
„Ob er weiß, dass Mike immer noch hinter ihm her ist?", überlegte Holly. Bisher war der Junge immer entkommen. „Ich hoffe nur, dass er auf der Hut ist. Wenn wir mit ihm sprechen sollten, müssen wir ihn warnen. Vielleicht weiß er noch gar nicht, dass man ihn für tot hält!"
Schon bald tauchte das fast von Farnkraut überwucherte Schild „Rover's Cottage" auf, und wenig später sahen die Mädchen auch das kleine baufällige Haus. Die drei rannten in die Senke und hielten aufmerksam Ausschau nach irgendeinem Lebenszeichen.

„Hallo?" Holly klopfte an die beschädigte Tür. „Hallo, Daniel?" Sie hatten sich zwar beeilt, aber ob sie schnell genug gewesen waren?

Es kam keine Antwort. Die Tür knarrte und schwang an einer Angel langsam auf. Sie gingen hinein. „Hallo?", sagte Holly noch einmal. Im Wohnzimmer rumpelte etwas, und jemand stürzte auf die Tür zu.

Tracy machte einen Satz nach vorn und presste sich flach gegen die Wand, damit derjenige, der sich in dem Zimmer aufhielt, sie nicht sehen konnte. Sie bedeutete auch Holly und Belinda, aus dem Weg zu gehen. Vorsichtig streckte sie ihren Kopf vor, um einen Blick hinter den Türrahmen zu werfen.

„Pass bloß auf!", flüsterte Belinda, die hinter ihr stand und sich darauf vorbereitete, sie beim ersten Anzeichen von Gefahr zurückzureißen.

Holly stand bewegungslos da und lauschte auf das kleinste Geräusch. Mit etwas Glück waren sie drei gegen einen. Sie waren bereit.

Ein Gesicht mit wilden, gelben Augen starrte sie an. Ein schwarzes, knochiges Gesicht mit Hörnern. Das Schaf stürmte wieder auf die Tür zu, und seine Hufe klapperten auf dem Steinboden. Es rannte in den Vorraum, stieß Belinda zur Seite und schoss dann zur Tür hinaus.

„Ein Schaf!" Holly lächelte erleichtert. „Anscheinend ist sonst niemand hier! Kommt mit!" Sie ging voraus in die Küche. „Ist hier jemand?", rief sie.

Im Kamin lag kalte Asche. Der Raum war leer.

Belinda holte tief Luft. „Alles sauber und ordentlich." Die Dosen und Kekspackungen waren verschwunden, und die weiße Schüssel stand leer im Ausguss.

„Ja, anscheinend ist er ausgezogen." Tracy betrachtete das Fenster. Es war von innen verriegelt. Eine mit Kerzenwachs voll getropfte Flasche stand ordentlich auf der Fensterbank.

„Zumindest ist er nicht in aller Eile aufgebrochen", stellte Holly fest. „Das ist ein gutes Zeichen. Es sieht aus, als hätte er hier aufgeräumt und wäre verschwunden, bevor Mike ihn erwischen konnte. Das hoffe ich zumindest!" Sie ging hinaus und stieg die staubige Treppe hinauf, um sich oben umzusehen.

Belinda blieb unten stehen und sah sich ängstlich um, denn sie rechnete ständig damit, dass Mikes Gesicht plötzlich vor einem Fenster auftauchte oder dass er aus dem Obergeschoss auf sie herunterstarrte. Es wurde allmählich dunkel. Sie war froh, dass sie an die Taschenlampe gedacht hatten.

Hollys Schritte hallten durch die leeren Schlafzimmer. Sie schaute über das Treppengeländer. „Hier oben ist nichts", berichtete sie.

Tracy nickte. „Ich frage mich, wo er hingegangen ist." Sie seufzte. „Ich schätze, das bedeutet, dass wir seine Spur wieder aufnehmen müssen."

„Ja, dann können wir ihn warnen und ihm sagen, dass wir auf seiner Seite sind", bestätigte Belinda.

„Sind wir das denn?" Holly kam langsam die Treppe herunter. „Sind wir auf der Seite eines Einbrechers? Ihr habt doch sicher nicht vergessen, dass er auf dem Weg in ein Erziehungsheim war, oder?"

Sie gingen zusammen durch den Vorraum. Tracy zog die schief hängende Tür hinter sich zu.

„Ich weiß nicht recht." Belinda nahm ihre Brille ab. Sie

waren mit ihren Nachforschungen in relativ kurzer Zeit recht weit gekommen, doch darüber durften sie den Jungen nicht vergessen. Sie schwenkte ihre Brille hin und her. „Er hat aber nicht ausgesehen wie ein Dieb", erinnerte sie die Freundinnen.

„Und er ist nicht vor Gericht gestellt und verurteilt worden", fügte Tracy hinzu. „Ist er nicht unschuldig, bis seine Schuld bewiesen ist?"

„Außerdem", fügte Belinda energisch hinzu, „dürft ihr nicht vergessen, wie wütend Mike auf Daniel war, als er die Tür zur Hütte eingetreten hat! Das kann nur bedeuten, dass er ihn schon vor dem Unfall gekannt hat! Ich wette, Mike hat etwas gegen Daniel, wir wissen nur nichts davon."

„Noch nicht", sagte Holly. Sie entfernten sich von der Hütte, und der See am Fuße des Berges schimmerte silbergrau im Abendlicht. „Also gut. Wir sind auf Daniels Seite! Auch wenn ich einige Details von seinem angeblichen Sturz immer noch nicht verstehe!"

Die drei wanderten bergab, zurück zum Haus, und hielten dabei nervös Ausschau nach Mike Sandford und dem geheimnisvollen, immer wieder verschwindenden Daniel Martyn.

9
Wildwasser

Mike Sandford ließ sich am nächsten Morgen beim Frühstück nichts anmerken. Holly studierte sein gebräuntes Gesicht, während er Anweisungen für den Tag gab.
„Ich finde, dass er ganz normal aussieht", flüsterte Tracy. „Vielleicht haben wir doch voreilige Schlüsse gezogen."
Ihr waren Zweifel gekommen, ob Mike wirklich in einen illegalen Handel mit Diamanten verwickelt sein konnte. An diesem Morgen hatte sie eher das Gefühl, dass er tatsächlich der nette Gruppenleiter war, für den ihn alle hielten.
„Oh-oh, Tracy ändert ihre Meinung", stichelte Belinda. Sie wartete mit Tracy, Holly, Steffie, Ollie und Mark darauf, was ihr an diesem Tag wieder zugemutet werden würde. Alle hatten ihren Spaß in Butterpike Hall – alle außer ihr. „Eines sage ich euch", flüsterte sie, „diese grässlichen Wanderstiefel ziehe ich nie in meinem Leben wieder an!" Der Gedanke an die Blasen an ihren Zehen und Fersen ließ sie aufstöhnen.
Holly schmunzelte, doch sie war so sehr damit beschäftigt, Mikes Gesicht zu studieren, dass sie Belindas Stöhnen nicht weiter beachten konnte. „Vielleicht sieht er doch ein bisschen gestresst aus", dachte sie. Über seinem

linken Auge zuckte deutlich sichtbar ein Nerv, doch er wirkte bei seiner Arbeit gelassen wie immer.
Nachdem er Steffie und den beiden Jungen ihre Anweisungen gegeben hatte, sah er die Mitglieder des Mystery Clubs an. „Ich schätze, ihr habt fürs Erste genug Berge bestiegen und Fässer geschleppt, stimmt's?"
Noch bevor Holly Zeit hatte, in dieser Bemerkung nach Anspielungen zu suchen, fuhr er auch schon fort.
„Deshalb steht für euch und die anderen drei heute Wildwasserfahren auf dem Programm!"
Obwohl sie Mike verdächtigten, gelang es Tracy nicht, ihre Begeisterung zu verbergen. „Super!", jubelte sie. Der Gedanke, den reißenden Fluss hinunterzupaddeln, der in den See mündete, war ganz nach ihrem Geschmack. Sie stellte sich vor, wie sie das Boot zwischen Felsen hindurchsteuern und dabei mühsam aufrecht halten musste.
„Er versucht, uns von der Hütte fern zu halten!", flüsterte Belinda Holly zu. Doch die drei folgten Mike zum Bootshaus und hörten aufmerksam zu, als er ihnen erklärte, wie die Schlauchboote auf den Anhänger verladen werden mussten.
Kurz darauf saß ihre Gruppe und die von Steffie, Ollie und Mark in dem Geländewagen des Zentrums und war auf dem Weg nach High Force, dem Ort, an dem sie schon bei ihrer Kartenübung gewesen waren.
„Denkt daran, die Schwimmwesten die ganze Zeit anzubehalten", mahnte Mike. Sie streiften die orangefarbenen Westen über, die Mike jedem von ihnen in die Hand drückte. Sie befanden sich auf einem kleinen Parkplatz in der Nähe des Wasserfalls. „Ihr startet hier,

fahrt zwei Kilometer flussabwärts und geht am Seeufer wieder an Land." Er sah alle ernst an. „Dieser Sport ist nicht ungefährlich, und ihr müsst den Zeitplan unbedingt einhalten. Wenn ihr nicht genau zur errechneten Zeit unten am See ankommt, alarmieren wir die Rettungsmannschaft von Butterpike Hall, denn dann müssen wir davon ausgehen, dass ihr verunglückt seid." Er machte eine Pause. „Wenn jemand lieber nicht mitmachen möchte, sollte er es jetzt sagen."

Alle sechs schüttelten den Kopf. Sie standen unter einer Gruppe hoher Bäume dicht am Flussufer, und hinter ihnen rauschte der Wasserfall. Sie spürten die Gefahr, die Herausforderung des Unbekannten.

„Es ist ungeheuer wichtig, dass ihr die Anweisungen genau befolgt!", warnte Mike. „Bleibt zusammen, immer drei in einem Boot. Wenn es losgeht, lasst euch von der Strömung treiben, kämpft nicht gegen sie an. Die ganze Fahrt dauert etwa zehn Minuten. Dann verladen wir die Boote auf den Anhänger, fahren wieder hier herauf und machen das Ganze noch einmal."

Hollys Gruppe sah zu, wie Ollie, Mark und Steffie ihr Boot zu Wasser ließen. Spritzwasser sprühte ihnen ins Gesicht, und das Sonnenlicht fiel durch die Blätter der Bäume. „Das wird irre!", sagte Tracy, die an nichts anderes mehr denken konnte. „Genau dafür sind wir hergekommen!"

„Klar!", sagte Belinda sarkastisch. „Wir sind hergekommen, um klatschnass zu werden und Leib und Leben zu riskieren. Und das nennt sich dann Spaß!"

„Du bist einfach zu weich!" Holly versetzte ihr einen liebevollen Stoß.

„Ich weiß", murmelte Belinda, und der Gedanke an das, was ihr bevorstand, ließ sie aufseufzen.

Doch nur wenig später stellte sich auch Belinda der Herausforderung und half Tracy und Holly, das Schlauchboot zum Wasser zu ziehen. Steffies Boot war augenblicklich von der Strömung erfasst worden, nachdem Mike es losgelassen hatte. Die drei, die in ihrem Boot knieten, waren in die Mitte des Flusses getrieben worden und hatten sofort angefangen, mit aller Kraft zu paddeln. Kurze Zeit später waren sie hinter einer Biegung verschwunden.

Mike hatte ihre Abfahrtszeit gestoppt und notierte, wann Steffies Gruppe am See ankommen musste. Dann wandte er sich Hollys Gruppe zu. „Seid ihr bereit? Denkt daran, ich warte unten am See auf euch!"

Sie nickten, stiegen mit zitternden Knien in ihr Schlauchboot und hielten ihre Paddel einsatzbereit. Mike ließ ihr Boot los, und die Fahrt begann. Kaltes Wasser schäumte auf, und das Boot neigte sich bedenklich zu einer Seite, doch sie konnten es mit den Paddeln wieder aufrichten. Sie steuerten zwischen zwei großen Felsen hindurch und ließen sich von der Strömung mitreißen.

Sie sausten zwischen steilen Felsen und durch schmale Schluchten hindurch, immer bemüht, das Boot im Gleichgewicht zu halten. Das Wasser rauschte unaufhaltsam bergab wie eine schwarze glänzende Schlange, viele Meter tief. Vor den Felsen bildeten sich Strudel. „Passt auf!", schrie Holly. Alle zogen den Kopf ein, als sie unter einem überhängenden Ast hindurchschossen. Dann brauchten sie ihre ganze Kraft, um sich vom Ufer fern zu halten.

„Ist das nicht klasse?" Obwohl Tracy pausenlos eiskaltes Wasser ins Gesicht spritzte, strahlte sie.
„Tracy, lehn dich nach rechts!", schrie Belinda. Das Schlauchboot schoss auf einen riesigen glatten Felsen zu, der aussah wie der Rücken eines Wals. Belinda spürte, wie sich ihr Magen wieder entkrampfte, als die Strömung sie dicht an dem Felsen vorbeitrieb.
„Das war knapp!", gab Holly zu. Ihre Knöchel waren weiß, so sehr klammerte sie sich an die Halteschlaufen, und ihr ganzer Körper schmerzte von dem ständigen Kampf um das Gleichgewicht des Bootes.
Endlich hatten die drei erschöpft, aber triumphierend die Stromschnellen hinter sich gebracht und trieben auf dem stillen, klaren Wasser des Sees.
„Wir haben es geschafft!" Belinda sprang aus dem Boot. „Wir haben es geschafft! War das nicht absolut genial?"
Steffie kam lachend auf sie zugerannt. „War das nicht das Beste, was wir je gemacht haben?"
Holly und Tracy folgten Belinda ans Ufer und zogen das Boot hinter sich her. „Nein, das Beste ist, dass wir es noch einmal tun dürfen!", verkündete Tracy strahlend.
Mikes Geländewagen stand bereits am Seeufer, und er saß im Wagen und nickte zustimmend.
Sie verluden die Boote und fuhren zurück nach High Force. Dort luden sie die Boote mit vereinten Kräften und unter Mikes sachkundiger Anleitung wieder ab.
„Auf diese Weise kommt ihr wenigstens nicht auf dumme Gedanken", sagte Mike lächelnd zu Holly, während sie zusahen, wie Steffies Gruppe zu ihrer zweiten Wildwasserfahrt aufbrach. Er hatte einen Fuß bereits auf dem Trittbrett des Geländewagens, denn er wollte

sofort wieder zum See hinunterfahren. „Achtet darauf, den Zeitplan einzuhalten. Ihr wisst, das wir mit dem Schlimmsten rechnen müssen, wenn ihr euch verspätet. Gebt den anderen genau fünf Minuten Vorsprung, dann macht ihr euch auf den Weg." Er startete den Motor und fuhr los.

Eine Minute verging, und man hörte nichts außer dem Rauschen und Gurgeln des Wassers. Belinda sah ungeduldig auf ihre Uhr. Holly schaute nach oben und betrachtete den Wasserfall. Sie schaute noch mal genauer hin. Hatte sich da nicht etwas bewegt, eine schemenhafte Gestalt in den grünen Blättern neben dem herabstürzenden Wasser? Sie war sich nicht sicher. „Was war das?" Sie deutete auf den Rand des Wasserfalls.

Belinda sah auf. „Was denn? Ich sehe nichts."

Holly kletterte auf einen Felsen, in der Hoffnung, einen zweiten Blick auf die vermeintliche Person erhaschen zu können.

„He!", rief Tracy vom Ufer. „Was hast du vor?" Sie klammerte sich an das Schlauchboot und konnte kaum erwarten, dass sie starten durften.

„Ich bin sicher, dass ich dort oben jemanden gesehen habe!" Holly war überzeugt, dass es ein Mensch gewesen war; dass er sie am Flussufer entdeckt hatte und schnell in Deckung gegangen war. „Jemand in Blau!", rief sie.

Belinda sah sie an. „Wo?"

„Da oben! Jetzt ist er weg!"

„Nein, da ist er!" Belinda zeigte auf einen Vorsprung neben dem Wasserfall. „Ich habe ihn auch gesehen! Aber jetzt ist er wieder weg!"

„He, ihr beiden!" Tracy kämpfte sich allein ab. Das Boot war vom Ufer abgetrieben und von der Strömung erfasst worden. Dabei hatte es Tracy schon zwei oder drei Schritte weit ins Wasser gezogen. Sie klammerte sich an das Seil, hatte sich zurückgelehnt und rief um Hilfe.
Belinda und Holly rannten hin. „Ziehen wir es für einen Moment an Land!", rief Holly, um das Rauschen des Wassers zu übertönen. Mit vereinten Kräften schafften sie es. „Ich will dort hinaufsteigen und nachsehen."
„Dafür haben wir keine Zeit!", protestierte Tracy. „Denk daran, was Mike über den Zeitplan gesagt hat."
„Es wird nicht lange dauern. Kommt schon!" Holly ließ das Boot los, das nun sicher am Ufer lag, und flehte Tracy an, sie zu begleiten.
„Also gut!", sagte Tracy schließlich. „Aber wir müssen uns beeilen!"
Die drei rannten zum Wasserfall. Sie kletterten blitzschnell die Felsen hoch und schafften fast zwanzig Meter in weniger als einer Minute. Außer Atem und vom Spritzwasser durchweicht gönnten sie sich eine kurze Verschnaufpause auf einem Felsvorsprung.
„Was war es?", keuchte Tracy. „Was habt ihr hier oben gesehen?" Sie lockerte die Gurte ihrer Schwimmweste und drückte sich eng an den Fels.
„Ich bin mir nicht ganz sicher. Ich weiß nur, dass es etwas Blaues war", sagte Holly.
„Ja, das habe ich auch gesehen!", bestätigte Belinda. Sie schaute den herabstürzenden Wassermassen hinterher. „Meinst du, dass es Daniel gewesen sein könnte?"
„Wenn er es war, ist er die lebhafteste Leiche, die ich je gesehen habe!", murmelte Holly. Sie starrte hinauf ins

nasse Blätterdach, doch dort oben war jetzt keine Bewegung mehr zu sehen.
„Seht euch das an!" Tracy packte Belindas Arm. Beide starrten in den dunklen Raum hinter dem Wasserfall. „Da ist eine Höhle. Seht doch!"
Holly kletterte vorwärts, um nachzusehen. Hinter dem Vorhang aus Wasser verbreiterte sich der Vorsprung, auf dem sie standen, zu einer Höhle, die tief in den Fels hineinführte. Tracy ließ sich auf alle viere nieder. „Ich werde mal nachsehen", sagte sie. „Es ist zwar nur eine Ahnung, aber ..."
Sie kroch hinter den Wasserfall und musste aufpassen, dass sie nicht von den bemoosten Steinen abrutschte. Als sie die Höhle schließlich erreicht hatte, erwies diese sich als sauber und trocken. „Hier drin könnte jemand wohnen!", rief sie nach draußen. „Kommt und seht euch das an!"
Vorsichtig krochen Belinda und Holly hinter ihr her. Kurz darauf hockten sie alle unter dem gewölbten Höhlendach.
„Toll, nicht?" Tracy sah sich aufmerksam um.
Holly stimmte ihr zu. „Die Höhle ist ein perfektes Versteck!" Ihre Augen funkelten im Halbdunkel, als sie nach Anzeichen dafür suchte, dass in der Höhle jemand lebte.
„Der Sand auf dem Boden ist trocken." Belinda ließ sich eine Hand voll davon durch die Finger rieseln. „Und da vorn ist ein Vorsprung, den man als Regal für Vorräte verwenden könnte!" Sie tastete den Vorsprung ab, bis ihre Hand einen glatten, zylindrischen Gegenstand berührte. Sie nahm ihn von dem Vorsprung.

Die drei starrten verblüfft auf den Gegenstand in ihrer Hand. „Eine Coladose!", stieß Tracy hervor.
Belinda tastete den Rest des Vorsprungs ab. „Hier sind noch zwei Dosen und anderes Zeug!" Sie fühlte weiche, flache Pakete und etwas Langes, Schweres – vielleicht ein Jagdmesser, das in irgendetwas eingewickelt war. Sie drehte sich wieder zu Holly und Tracy um.
„Es ist Daniels neues Versteck!", sagte Holly.
„Gar nicht schlecht!" Tracy schaute hinaus auf den undurchdringlichen Vorhang aus Wasser, der den Höhleneingang verdeckte. „Hier würde ihn niemand vermuten!"
„Nur wir", sagte Belinda. „Ob er uns gesehen hat?"
„Keine Ahnung", sagte Holly. „Wenn ja, wird er wahrscheinlich wieder verschwinden." Sie wusste, dass Daniel nicht an einem Ort bleiben würde, an dem er sich nicht mehr sicher fühlte. „Was sollen wir tun?" Die Zeit wurde allmählich knapp; Mike erwartete, dass sie genau in dieser Minute die Stromschnellen hinunterschossen.
„Wir sind ihm keine große Hilfe, nicht wahr?" fragte Belinda ernst. „Er muss das Gefühl haben, dass wir ihn jagen!"
„Ja, und deshalb müssen wir diesmal deutlich zeigen, dass wir auf seiner Seite sind", bestätigte Tracy. Diese Gelegenheit durften sie nicht ungenutzt verstreichen lassen.
„Aber wie?" In der Hoffnung auf einen Geistesblitz sah sich Belinda suchend um. Die Sekunden vergingen. Wenn sie nicht bald in ihrem Schlauchboot saßen, würden sie schrecklichen Ärger bekommen.
Plötzlich hatte Holly eine Idee. „Ich hab's!" Sie schob

Tracy und Belinda beiseite und griff nach einem abgebrochenen Ast, der am Höhleneingang lag. Hastig verwischte sie die Fußspuren, die sie und ihre Freundinnen im Eingang hinterlassen hatten. Mit einem kleineren Stock schrieb sie folgende Botschaft in Großbuchstaben in den Sand:

„WIR WOLLEN HELFEN – TRIFF UNS HIER!"

Holly lehnte sich zurück. „Ist das zu lesen?", fragte sie kritisch.
„Klar." Tracy nickte. „Nun aber los, sonst schickt Mike uns den Rettungstrupp auf den Hals! Wir sind schon viel zu spät dran!"
Sie ging voraus auf den Vorsprung, zurück ans Tageslicht. Dann rutschten und schlitterten die drei bergab, landeten mit einem Sprung auf dem kiesigen Ufer und rannten zu ihrem Schlauchboot. Sie hechteten hinein, und es schaukelte wie verrückt. Dann wurde es von der Strömung ergriffen, und die Fahrt ging los. Zurück blieb nur ihre Nachricht für Daniel. Der Lärm des Wassers dröhnte in ihren Ohren, als sie zum zweiten Mal stromabwärts sausten.

10
Warten ohne Ende

„Was hat euch aufgehalten?", fragte Mike Sandford. Er warf Holly, Tracy und Belinda einen misstrauischen Blick zu, als sie im flachen Wasser des Sees aus ihrem Schlauchboot stiegen. Ein Windstoß blähte seine wasserdichte blaue Jacke auf. Er stand breitbeinig auf dem kiesigen Ufer und bedachte die drei mit einem finsteren Blick.
„Nichts!" Holly wurde klar, dass sie etwas zu schnell geantwortet hatte, und sie errötete. „Wir haben nur nicht auf die Zeit geachtet, das ist alles."
„Wir haben uns Sorgen gemacht", sagte er. „Was ist passiert? Ist keine von euch in der Lage, eine Uhr zu lesen?" Er marschierte an Steffie, Ollie und Mark vorbei auf sie zu.
„Nun, jetzt sind sie doch hier, und es ist alles in Ordnung", versuchte Steffie ihn zu beruhigen.
Tracy nickte. „Das stimmt."
Doch Mike hörte nicht auf sie. „Was hat euch diesmal aufgehalten?", wiederholte er streng und starrte Belinda an. „Du hast dich doch nicht schon wieder verlaufen, oder?"
Belinda war nicht sicher, ob er scherzte oder es ernst

meinte. Sie wurde rot. „Ich habe einen schrecklichen Ortssinn", sagte sie, bereit, die Schuld auf sich zu nehmen.

Holly lächelte ihr verstohlen zu.

Doch Mike hatte seine Aufmerksamkeit bereits auf Tracys Schwimmweste gerichtet. „Habe ich euch nicht gesagt, dass ihr diese Dinger die ganze Zeit fest zugeschnallt lassen sollt?"

Tracy fiel wieder ein, dass sie die Riemen während des Aufstiegs zu Daniels Höhle gelockert hatte, und danach war keine Zeit gewesen, sie wieder festzuziehen. „Es tut mir Leid", murmelte sie.

„Es tut mir Leid reicht aber nicht, wenn du von der Strömung mitgerissen wirst und deine Schwimmweste dann nicht sicher sitzt!" Er sah sie alle genau an. „Also, was hat euch aufgehalten?" Es war klar, dass er sich nicht mit vagen Ausreden begnügen würde.

„Es war meine Schuld", sagte Holly. „Ich war noch nicht bereit."

„Was du nicht sagst!" Mike starrte sie an.

„Ich bin für ein paar Minuten weggegangen, das ist alles."

„Hatte ich euch nicht befohlen, immer zusammenzubleiben?"

„Ja, schon." Holly nickte. Mark und Ollie betrachteten sie ohne eine Spur von Mitgefühl. Ihr war klar, dass sie ihnen den Tag verdarb. Nur Steffie machte den Eindruck, als täte Holly ihr Leid.

Mike seufzte. „Wir sind hier nicht in einem Vergnügungspark! Diese Unternehmungen müssen genau nach Plan ablaufen, denn sonst sind sie sehr gefährlich." Er

hob beide Hände, um mögliche Proteste im Keim zu ersticken. „Sie sind nur sicher, wenn ihr die Anweisungen befolgt; wenn ihr tut, was man euch sagt. Zum Beispiel: Tragt eure Schwimmwesten, haltet euch an den Zeitplan, und bleibt zusammen! Dann gibt es keine Probleme. Aber wenn ihr dazu nicht in der Lage seid, geht alles schief. Ich war drauf und dran, die Rettungsmannschaft des Zentrums anzufordern!"
„Es tut uns wirklich Leid." Holly war klar, dass es ihre Schuld war, doch es war wichtiger gewesen, Daniels Spur zu folgen.
Mike wandte sich ab. „Setzt euch ins Auto!", befahl er. „Ihr alle. Wir fahren zurück und lassen Jo entscheiden. Ich kann die Verantwortung für eine weitere Wildwasserfahrt nicht übernehmen."
„Aber Sie haben gesagt, wir dürften noch einmal fahren!", empörte sich Mark.
Mike ging zum Wagen. „Ja, aber das war, bevor diese drei wieder einmal versagt haben. Bedank dich bei ihnen!" Er stieg ein und startete den Motor.
Mark und Ollie warfen den Mädchen finstere Blicke zu. „Typisch!", knurrte Ollie und zerrte eines der Boote auf den Anhänger. „Jetzt müssen sie auch uns noch alles verderben!"
Sie stiegen mit steinernen Mienen ins Auto.
„Hör auf, Ollie!", warnte ihn Steffie. „Es ist auch so schon schlimm genug!"
Der Geländewagen rumpelte den steinigen Pfad hoch, und Belinda, Holly und Tracy saßen schweigend auf dem Rücksitz und machten sich Vorwürfe.
Nachdem sie zurück in Butterpike Hall waren und die

Boote abgeladen hatten, erlaubte Mike Steffie, Ollie und Mark zum Schwimmen zu gehen. „Und ihr drei bleibt hier", befahl er Holly, Tracy und Belinda streng. „Ihr wartet, bis ich mit Jo gesprochen und wir entschieden haben, was mit euch geschehen soll, verstanden?"

„Ob er es weiß?", flüsterte Belinda bedrückt. Die Fensterscheiben des Herrenhauses funkelten im Sonnenlicht, doch die drei Mädchen fröstelten trotz des schönen Wetters.

Holly schüttelte den Kopf. „Er vermutet es vielleicht, aber er kann auf keinen Fall wissen, dass wir die Höhle gefunden und Daniel eine Botschaft hinterlassen haben!", sagte sie. „Vermutlich weiß er nicht einmal, dass die Höhle existiert."

„Und was machen wir nun?", fragte Tracy.

„Abwarten", sagte Holly. „Das ist alles, was wir tun können!"

Sie mussten abwarten, was Daniel tun würde, wenn er ihre Nachricht im Sand fand, und sie mussten abwarten, welche Schritte Mike Sandford jetzt gegen sie unternehmen würde.

Die drei vertrödelten den Nachmittag im Spieleraum. Belinda und Holly schlugen lustlos einen Tischtennisball hin und her, und Tracy übte am Billardtisch. Die Zeit wollte nicht vergehen.

„Ich frage mich, wo er jetzt wohl ist?", seufzte Belinda. Sie hielt den Tischtennisschläger hoch, starrte jedoch geistesabwesend zum Fenster hinaus.

„Wer? Daniel?" Holly versuchte, ihre nächsten Schritte zu planen. Wie sollten sie es anstellen, sich mit Daniel zu treffen, wenn sie das Haus nicht verlassen durften?

„Nein, Mike", sagte Belinda. „Ob er schon mit Jo über uns gesprochen hat? Was wird sie wohl dazu sagen?"
Tracy zuckte mit den Achseln. „Wer weiß? Mit Sicherheit wird er dafür sorgen, dass es sich einfach schrecklich anhört!" Sie ahmte Mikes tiefe Stimme nach. „Sie haben schon wieder Befehle missachtet! Sie sind eine Katastrophe, und sie untergraben die Moral der anderen! Sie sind hier nicht länger tragbar!"
Holly lächelte. „Übertreibst du nicht ein wenig?"
„,Fortgesetzte Befehlsverweigerung! Das lasse ich mir nicht länger bieten!'", bellte Tracy. „So ungefähr wird er sich anhören", fügte sie mit ihrer normalen Stimme hinzu.
„Hör bloß auf!", stöhnte Holly.
„Man könnte meinen, wir wären hier beim Militär!", knurrte Belinda.
„In Wirklichkeit liebst du es doch", spottete Holly. „Denk nur daran, wie gut all diese frische Luft und Bewegung für dich ist!"
„Bist du verrückt? Wegen dieser grässlichen Frische-Luft-Geschichte verpasse ich die besten Fernsehprogramme!", beschwerte sich Belinda. „Mein Dad musste mir versprechen, das Wichtigste für mich aufzunehmen!"
„Psst!", zischte Tracy. „Da kommt jemand!" Sie stürzte zur Tischtennisplatte, damit es so aussah, als wäre sie die ganze Zeit dort gewesen. „Spiel!", befahl sie Holly. „Und mach ein unschuldiges Gesicht!"
Jo steckte ihren Kopf zur Tür herein. „Hallo, ihr drei. Ihr seid aber früh zurück!" Sie warf einen Blick auf ihre Uhr. „Habt ihr Mike gesehen?"

Holly atmete auf, obwohl ihr natürlich klar war, dass die Katastrophe nur aufgeschoben war. Zur Zeit sah Jo noch ausgesprochen freundlich aus. „Nein, in letzter Zeit nicht", sagte sie. Einen Augenblick lang hätte sie Jo am liebsten alles erzählt, bevor Mike die Gelegenheit hatte, ihr seine Version zu berichten. Doch sie zögerte zu lange, und damit war die Chance vertan.
„Ich wollte etwas mit ihm besprechen", sagte Jo. „Im Moment bin ich etwas in Eile, also seid so nett und richtet es ihm aus, wenn ihr ihn seht, okay?" Sie lächelte und verschwand wieder.
Tracy schluckte krampfhaft. „Ich halte das nicht länger aus!", stöhnte sie. „Das Warten macht mich fertig!"
Holly und Belinda nickten. „Wenn wir nur irgendetwas tun könnten!", stimmte Belinda ihr zu.
„Etwas können wir tun", sagte Holly. „Ich könnte unser Notizbuch holen, und dann schreiben wir auf, was wir heute herausgefunden haben. Daniels Höhle und all das."
Tracy nickte. „Gute Idee."
Also sauste Holly die alte gewundene Treppe zu den Mädchenschlafräumen hinauf. Die Zimmer waren leer; alle anderen Gruppen waren noch beim Abseilen, Bergsteigen oder Radfahren. Holly hastete an den Duschräumen und dem Wäschezimmer vorbei zu ihrem Schlafsaal. Dort blieb sie wie angewurzelt stehen.
Irgendetwas war anders. Sie sah sich aufmerksam um, und das Gefühl, dass etwas nicht stimmte, wurde immer stärker. Ein Buch, das sie aufgeschlagen auf dem Kopfkissen liegen gelassen hatte, war zugeklappt, und sie war sicher, dass Tracy ihre Schranktür nicht offen gelassen

hatte. Die weißen Vorhänge vor den offenen Fenstern bauschten sich im Wind, und Schuhe lagen unordentlich unter den Betten. Vielleicht bildete sie sich auch nur etwas ein; vielleicht war dies das normale Chaos, das in jedem Mädchenschlafsaal herrschte.

Doch als sie das Mystery-Club-Notizbuch aus ihrem Schrank nehmen wollte, war sie überzeugt davon, dass zumindest ein Teil der Unordnung nicht normal war. Ihre Haarbürste lag auf dem Boden, und die Schachtel mit den Schminktüchern stand auf dem Kopf. Wer war an ihren Sachen gewesen? Und wonach hatte derjenige gesucht?

Nervös öffnete sie die Schublade in ihrem Schrankfach. Sie langte hinein und spürte die flache, viereckige Form des geheimen Notizbuchs. Sie nahm es heraus. Es klappte von selbst auf – genau auf der Seite, auf die sie „Glauben wir Mike Sandford?" geschrieben hatte. Es war, als hätte jemand das Buch an dieser Stelle gewaltsam geöffnet.

Einen Augenblick lang versuchte Holly, ihren Verdacht von der Hand zu weisen. Bestimmt nicht. Sicher würde es niemand wagen, in ihren Sachen herumzuschnüffeln. Doch Mike hatte das Notizbuch gesehen, als er in den Spieleraum gekommen war. Hatte er auch gesehen, wie sie es schnell eingesteckt hatte? Was war, wenn er hier gewesen war und den Beweis dafür gefunden hatte, dass sie ihm auf die Schliche gekommen waren?

Holly holte tief Luft und ließ ihren Kopf gegen die Wand sinken. Dann klappte sie das Notizbuch zu und machte sich auf den Rückweg zum Spieleraum. Wenn sie Recht hatte, wusste Mike nun, welche Gefahr sie für ihn darstellten, und er wusste auch, dass sie den Fall noch nicht vollständig gelöst hatten. Und ihr war klar, dass er versuchen würde, sie loszuwerden, bevor es ihnen gelang. Eilig rannte sie wieder nach unten.

„Wo warst du denn?" Tracy sprang von der Fensterbank, als Holly in den Spieleraum gestürzt kam. „Was hast du bloß so lange gemacht? Wir haben eine Ewigkeit gewartet!"

„Und wir haben Mike gesehen", berichtete Belinda. „Er war auf dem Weg zu Jos Büro. Er sah schrecklich aus. Man kann ihn sogar jetzt noch brüllen hören!"

Holly stöhnte. „Ich glaube, ich weiß, warum er so wütend ist!" Sie hielt das Notizbuch in die Höhe. „Ich kann es zwar nicht beweisen, aber ich glaube, dass er in unserem Schlafsaal herumgeschnüffelt und das Buch gefunden hat!"

Belinda und Tracy starrten sie entgeistert an.

„Er ist gerade in Jos Büro, erklärt ihr, was für Versager wir sind, und versucht sein Bestes, uns loszuwerden!", erklärte Holly.

„Und wir können nichts tun, als darauf zu warten, dass es passiert!", jammerte Tracy.

Endlich hörten sie, wie eine Tür geöffnet und wieder geschlossen wurde.

„Das ist Mike, der aus dem Büro kommt", vermutete Belinda.

„Und jetzt?" Tracy stand bewegungslos da.

„Warte es ab", sagte Holly nur.

Die Tür zum Büro wurde erneut geöffnet.

„Das ist Jo", sagte Belinda. „Was werden wir ihr sagen?"

Holly überlegte schnell. „Nichts", sagte sie.

„Was? Du meinst, dass wir uns einfach nach Hause schicken lassen? Können wir ihr nicht von Daniel und unserem Verdacht gegen Mike erzählen?"
Holly schüttelte den Kopf. „Wo sind unsere Beweise? Wo ist das Motiv? Wer würde uns schon glauben?"
Die drei warteten schweigend, dass das Unheil seinen Lauf nahm. Jo erschien in der Tür, bekleidet mit einem schwarzen Trainingsanzug. Sie sah ernst aus.
„Jetzt weiß ich, warum ihr so früh zurück wart", sagte sie. Sie ging um den Billardtisch herum, blieb dann stehen, verschränkte die Hände hinter dem Rücken und sah aus dem Fenster. „Ich habe gerade mit Mike gesprochen, aber ich möchte erst eure Version hören, bevor ich eine Entscheidung treffe."
„Wir können alles erklären!", sagte Tracy schnell.
Jos Brauen hoben sich. „Das will ich hoffen. Ich will von euch hören, was heute Nachmittag schief gelaufen ist, und dann werde ich entscheiden."
Tracy wollte etwas sagen, doch Holly hob die Hand. „Wir sind zu unserer zweiten Wildwasserfahrt nicht genau zur verabredeten Zeit aufgebrochen", gestand sie. „Wir haben uns um etwa fünf Minuten verspätet, und uns war bewusst, dass die anderen sich Sorgen machen würden."
Jo nickte. „Und was ist schief gegangen?"
Holly holte tief Luft. Ein Teil des Raumes lag bereits im Schatten, doch die Nachmittagssonne ließ Jos kastanienbraunes Haar glänzen. „Nichts", sagte sie leise.
„Und wenn nichts schief gegangen ist, was hat euch dann aufgehalten?" Sie wartete, doch keines der Mädchen antwortete ihr. „Du sagst doch, dass euch bewusst

war, wie besorgt die anderen sein würden. In fünf Minuten kann viel passieren. Menschen können in fünf Minuten ertrinken!"
„Es tut uns Leid, aber wir konnten nichts dagegen tun", sagte Belinda gequält. „Wir haben uns beeilt, so gut es ging!"
„Und ihr wollt mir nicht sagen, was euch aufgehalten hat?" Die drei schüttelten den Kopf. „Und was ist mit der anderen Sache? Mike sagte, dass deine Schwimmweste nicht richtig befestigt war?" Jo sah Tracy an. „Das allein ist schon schlimm, das weißt du hoffentlich?" Tracy nickte hilflos. Jo starrte sie an. „Und dann habt ihr noch den anderen den Tag verdorben." Sie seufzte. „Mike hat sich über all das sehr aufgeregt und sogar vorgeschlagen, euch vorzeitig nach Hause zu schicken."
Holly starrte vor sich auf den Dielenfußboden.
Jo seufzte. „Darüber muss ich erst einmal nachdenken." Sie hob eine Hand, um möglichen Äußerungen zuvorzukommen. „Mike ist ein guter und erfahrener Gruppenleiter, und ich habe ihn noch nie so aufgebracht erlebt. Ich habe vollstes Vertrauen zu ihm, und auch wenn ihr vielleicht findet, dass er in dieser Angelegenheit etwas zu streng ist, hat er doch Recht." Sie blieb an der Tür stehen. „Ich habe Mike gesagt, dass ich ihm meine Entscheidung mitteile, wenn ich mit euch gesprochen und eine Nacht darüber geschlafen habe."
Holly fing wieder an zu atmen. Jo Thomas bemühte sich wirklich, fair zu sein. Vielleicht brauchten sie nur ein paar Stunden Zeit, um zur Höhle zu laufen und die restlichen Teile des Puzzles zusammenzufügen. „Danke", flüsterte sie.

„Bedank dich nicht zu früh", entgegnete Jo. „Schließlich ist noch nichts entschieden! Ich möchte, dass ihr nachher mit Mike und eurer Gruppe zum Abseilen geht, während ich mir überlege, was ich mit euch machen soll. Das ist eure letzte Chance zu zeigen, was in euch steckt. Es liegt also an euch!"
Damit verließ sie den Raum. Holly seufzte erleichtert auf. Sie würden also nicht sofort bestraft werden.
„Ist die Frau nicht klasse?", flüsterte Tracy. „Allerdings komme ich mir jetzt noch gemeiner vor, weil wir ihr nicht die Wahrheit gesagt haben."
„Ja, ich auch." Belinda kratzte sich am Kopf und runzelte die Stirn. „Schließlich hat sie uns noch eine Chance gegeben und alles ..."
„Und wir werden sie nutzen, um noch einmal zu Daniels Versteck zu gehen", fügte Holly hinzu. „Und das bedeutet, dass wir uns Jos Anweisungen widersetzen müssen, denn zum Abseilen werden wir heute Abend keine Zeit haben!"
„Sie wird ziemlich enttäuscht sein, falls wir uns davonschleichen", sagte Belinda.
„Wenn wir uns davonschleichen!", betonte Holly. „Aber wenn alles vorbei ist, können wir es ihr doch erzählen. Sie wird es sicher verstehen." Auch sie belastete der Gedanke, Jo zu hintergehen.
Tracy nickte. „Wir müssen es einfach tun."
„Aber diesmal müssen wir Mike von unserer Spur ablenken. Irgendwelche Ideen?", fragte Holly.
„Wir müssen ihn irgendwie austricksen", antwortete Tracy. „Mike hat es geschafft, dass es so aussah, als wäre Daniel bei dem Sturz ums Leben gekommen – da

müsste es uns doch auch gelingen, ihm etwas vorzumachen, um zu Daniel zu schleichen."
„Zumindest einer oder zweien von uns", sagte Belinda. „Das müsste doch reichen, oder?" Ihre Augen funkelten hinter den Brillengläsern, und ihre Stimme hob sich. „Kommt näher. Ich habe einen Plan!"

Belinda baumelte zwischen Himmel und Erde. Sie hing an einem kräftigen blauen Seil, das in ein Sicherheitsgeschirr eingeklinkt war, doch sie hatte das Gefühl, als würde sich das ganze Universum um sie drehen. Sie pendelte hin und her. Die untergehende Sonne kam plötzlich hinter den Felsen hervor, und tief unter ihr schwankte die Erde. In diesem Augenblick verfluchte Belinda ihren Plan. „Ich muss verrückt sein", dachte sie. Dann fiel ihr wieder ein, was sie zu tun hatte. „Hilfe!", schrie sie. „Ich sitze fest!"
„Belinda, hör gefälligst auf mit dem Blödsinn!", brüllte Mike Sandford von unten herauf. „Tu einfach, was ich dir gesagt habe!"
Belinda jammerte weiter. „Aber ich kann mich nicht mehr daran erinnern! Jemand muss mir helfen!" Sie konnte hören, wie sehr Mike sich ärgerte, und grinste verstohlen.
„Kann die denn gar nichts richtig machen?", fauchte er Tracy an, die in seiner Nähe am Fuß des Felsens stand.
„Sie hätte sich niemals abseilen dürfen!", stieß Tracy hervor. „Sie hat Höhenangst! Aber sie wollte ja nicht auf uns hören!" Sie schauten zu Belinda auf, die immer noch am Seil hin und her schwang. „Ich glaube, dass sie wirklich in Schwierigkeiten ist, Mike!"

Bis jetzt hatte ihr Plan perfekt funktioniert. Ihre Sechsergruppe war mit Mike zu einem Punkt des Butterpike-Berges gewandert, an dem alle Gäste des Zentrums das Abseilen üben konnten. Ein kleiner Pfad hatte sie auf den Gipfel eines Felsens geführt, wo alle ihr Sicherheitsgeschirr anlegten. Mike hatte ihnen erklärt, worauf sie zu achten hatten, und es ihnen dann demonstriert. Tracy war als Nächste an der Reihe gewesen. Sie hatte sich über die Kante geschwungen, hatte überall Halt für ihre Füße gefunden und die dreißig Meter bis zum Boden zügig überwunden. Dann hatte sie das Geschirr abgelegt und wartete mit Mike auf Belinda. Und jetzt schwebte Belinda unübersehbar zwischen Himmel und Erde! Das war perfekt! Mike würde zu ihr hochsteigen müssen, und Holly und Tracy konnten die Gelegenheit nutzen, Richtung Wasserfall zu verschwinden.

„Was sollen wir tun?", fragte Tracy Mike. „Sollten Sie nicht hochsteigen und ihr helfen?"

Mike knirschte mit den Zähnen. „Anscheinend habe ich keine andere Wahl!"

Holly und die anderen Mitglieder ihrer Gruppe warteten oben auf dem Felsen. Holly warf einen vorsichtigen Blick nach unten. Belinda war eine tolle Schauspielerin. Belinda, die scheinbar schlaff und hilflos im Seil hing, bemerkte Hollys besorgten Blick, zwinkerte ihr zu und bedachte sie mit einem kurzen Grinsen. „So helft mir doch!", rief sie. „Was soll ich denn jetzt tun?"

„Bleibt, wo ihr seid!", brüllte Mike den anderen Mitgliedern der Gruppe zu. „Das gilt auch für dich", sagte er zu Tracy. „Niemand rührt sich von der Stelle, bis ich sie von dort heruntergeholt habe, verstanden?"

Er setzte einen Fuß auf das Gestein und drehte sich dann wieder zu Tracy um. „Wenn ich es mir recht überlege, könntest du eigentlich mit hochsteigen und versuchen, deine Freundin wieder zur Vernunft zu bringen."
Tracy zögerte. So war das nicht geplant gewesen. „Klar, kein Problem", sagte sie. Wenn sie Mike jetzt nicht gehorchte, würde er vielleicht Verdacht schöpfen und ihren ganzen Plan zunichte machen.
Sie kletterte hinter Mike her, der bereits zehn Meter Vorsprung hatte. „Belinda, bleib ganz ruhig und halt dich fest. Wir sind unterwegs!", sagte sie. „Los, Holly", dachte sie. „Du bist auf dich allein gestellt. Jetzt oder nie!"
Holly sah, was in der Felswand vor sich ging und zog sich von der Kante zurück. Sie sah Steffie und die beiden Jungen wortlos an und streifte den Helm und das Geschirr ab. „Verratet mich nicht", flüsterte sie.
„Oh nein!" Steffie schloss die Augen und stöhnte. „Nicht schon wieder!"
„Was hat sie denn jetzt vor?", wollte Mark wissen.
„Bitte!" Holly war verzweifelt. Sie musste unbedingt verschwunden sein, bevor Mike etwas merkte.
Plötzlich kam Ollie ihr zur Hilfe. „Also gut, wenn es sein muss, werden wir dich decken", sagte er und sah Mark eindringlich an, bis auch der nickte.
„Danke!" Holly ließ das Geschirr fallen und sah sich prüfend um. Sie musste allein zum Wasserfall gehen, und Tracy würde ihr nicht helfen können, wenn etwas schief ging. Sie zögerte kurz, doch wenn sie jetzt nicht ging, würde sie nie erfahren, ob Daniel Martyn noch am Leben war. Morgen würde es zu spät sein. Holly rannte los, entschlossen, ihr Bestes zu geben.

11
Ein mieser Trick

Bodennebel zog auf, als Holly sich High Force näherte. Silbergraue Baumstämme ragten in den Himmel und breiteten ihre Blätterkronen über ihr aus. Holly sah sich um und vergewisserte sich, dass die anderen sie nicht mehr sehen konnten.
Sie lief jetzt langsamer, trabte den Hügel hinunter, bis er zu steil wurde und sie das Rauschen des Wasserfalls hören konnte. In diesem Augenblick vermisste sie Tracy und Belinda. Sie hätten gemeinsam Entscheidungen gefällt und sich gegenseitig Mut gemacht. Doch jetzt war sie auf sich allein gestellt. Nach reiflicher Überlegung beschloss sie, auf denselben Vorsprung zu klettern, über den sie schon am Morgen in die Höhle gelangt waren.
Zunächst musste sie jedoch über glitschige Steine bergab klettern. Sie versuchte, sich vom Spritzwasser fern zu halten und klammerte sich an Wurzeln und Äste, um nicht abzurutschen. Nasse Farnwedel schlugen an ihre Arme und Beine, ein Eichhörnchen schoss auf einen Baum und schaute aus großer Höhe auf sie herab.
„Bitte sei da!", dachte Holly, als sie schließlich am Fuß des Wasserfalls angekommen war. Sie schaute zu den herabstürzenden Wassermassen auf und hoffte, dass Da-

niel ihre Botschaft gelesen hatte. „WIR WOLLEN HELFEN", hatte sie geschrieben. Würde er ihr glauben? Würde sie ihn in der Höhle antreffen, wo er geduldig auf ihre Rückkehr wartete?
Hastig kletterte sie zu dem Vorsprung. Vielleicht hatte Mike Belindas Trick bereits durchschaut. Mit Sicherheit würde er nach ihr suchen. Sie hoffte nur, dass Belinda und Tracy die Nerven behielten. Wenn er sie zwang zu verraten, wohin sie gegangen war, wären Daniel und sie in Gefahr. Sie zog sich auf den schmalen Vorsprung und wischte sich das Spritzwasser aus dem Gesicht.
„Daniel?", rief sie leise. „Bist du da?" Sie ließ sich auf Hände und Knie nieder und kroch vorwärts. „Daniel, ich bin's, Holly Adams! Wir haben dir eine Nachricht hinterlassen. Ich muss mit dir reden!"
Es kam keine Antwort. Holly kroch hinter den Wasserfall, betrat die Höhle und sah sich um. Trotz des Dämmerlichts war ihre Botschaft im Sand noch immer zu erkennen. Ein Fußabdruck hatte einen Teil davon verwischt; ein Abdruck mit tief eingedrücktem Profil. Es war der Abdruck eines Wanderstiefels. „Zumindest ist er hier gewesen. Er muss die Nachricht gesehen haben!", murmelte Holly. „Aber wo ist er jetzt?" Sie zog eine Taschenlampe aus der hinteren Hosentasche und leuchtete ins Halbdunkel. „Daniel?", rief sie noch einmal.
Hinter ihr bewegte sich etwas. Eine große Person versperrte ihren Rückweg. Holly wirbelte erschrocken herum, schnappte nach Luft und richtete die Taschenlampe auf ihn. Das Licht zwang ihn, eine Hand schützend vor die Augen zu halten. Holly bemerkte, dass ein Bein seiner Jeans aufgerissen war und dass er ein Stück

Jeansstoff um sein Handgelenk gebunden hatte. Ihr entschlüpfte ein kleiner Aufschrei der Überraschung.
„Ich habe gewartet. Ich sah dich hereinkommen", sagte er gelassen. Er zog den Kopf ein und kam auf sie zu.
„Wer bist du, und was willst du von mir?"
Holly spürte seine Anspannung. Sie kannte den Grund dafür. Alles, was Daniel wusste, war, dass sie dasselbe Mädchen war, das Alarm geschlagen hatte, als er aus dem Wagen sprang. Warum sollte er ihr trauen, nachdem sie ihm das angetan hatte? Holly richtete den Lichtstrahl zur Seite und wartete darauf, dass er näher kam.
„Was willst du?" Die dunklen Augen des Jungen funkelten. Er ging etwa einen Meter vor ihr in die Hocke und sah sie misstrauisch und feindselig an. „Warum könnt ihr euch nicht raushalten?"
„Mir ist klar, wie es aussehen muss!", sagte Holly. Sie spürte, wie ihr Herz schlug. Wie konnte sie sicher sein, dass ihre Theorien über diesen Jungen richtig waren? Dass Mike ihn wirklich aus irgendeinem Grund hasste und ihn loswerden wollte? Was war, wenn sie, Belinda und Tracy sich geirrt hatten? Holly sah ihn unsicher an und wagte dann endlich, etwas zu sagen. „Wir wollen wirklich helfen!", betonte sie. „Aber dafür müssen wir wissen, was eigentlich los ist. Was hat Mike Sandford gegen dich? Und wie ist seine Beziehung zu den beiden anderen Männern, Carter und Slingsby?"
Daniel zuckte mit den Achseln und strich sich das lange dunkle Haar aus dem Gesicht. „Was interessiert euch das? Warum haltet ihr euch nicht einfach raus?" Er rutschte zurück bis zur Höhlenwand und setzte sich auf den Boden.

Holly hatte Zeit, ihn sich genau anzusehen. Sein Gesicht war schmal, und seine Augen wirkten riesig in dem Dämmerlicht, das durch den Wasserfall in die Höhle drang. Seine Augenbrauen waren schmal und lagen weit auseinander, und seine Nase war lang und dünn. Von seinem Jeanshemd war am unteren Rand ein Streifen abgerissen, und seine Jeans waren an den Knien und am Gesäß zerrissen. Er trug Wanderstiefel.

„Ich glaube, dass Mike Sandford dich umbringen will!", flüsterte sie. Irgendwie musste sie sein Vertrauen gewinnen, und zwar schnell. Sie erzählte ihm von Tracy und Belinda und den Drohungen, die sie im Gartenrestaurant der „Krone" belauscht hatten. „Er meint es ernst!", betonte sie. „Und jetzt will er uns auch loswerden!"

Sie berichtete, wie Mike sich über ihre Einmischung aufgeregt hatte und von ihrer Vermutung, dass er ihr Notizbuch gelesen hatte und damit von ihrem Misstrauen wusste. „Er hat schon mit der Leiterin des Zentrums über uns gesprochen. Nach heute Abend werden wir garantiert nach Hause geschickt. Also ist dies unsere letzte Chance, alles in Ordnung zu bringen!", flehte sie.

Daniel runzelte die Stirn. „Legt euch nicht mit Mike an", warnte er sie. „Ihr wisst nicht, worauf ihr euch da einlasst."

„Es ist zu spät! Wir sind schon mittendrin!" Holly kroch auf ihn zu. „Und ich möchte, dass du mir sagst, was er vorhat. Vielleicht schaffen wir es dann, ihn aufzuhalten."

„Wir?" Daniel sah sie immer noch misstrauisch an.

„Wir drei: Belinda, Tracy und ich. Schließlich waren wir es, die deine Flucht aus dem Auto verdorben haben."

Er seufzte. „Glaubst du, das wüsste ich nicht?"

„Es tut mir Leid!" Holly konnte es kaum erwarten, Informationen von ihm zu bekommen, doch ihr war klar, dass sie behutsam vorgehen musste. Sie hatte jedoch das Gefühl, dass Daniel allmählich anfing, ihr zu vertrauen.
„Wie bist du an Mike Sandford geraten?", fragte sie ihn.
„Wir haben uns in Afrika getroffen", sagte Daniel. Seine leisen Worte waren durch das Rauschen des Wasserfalls kaum zu verstehen.
Holly nickte. „Da hat er zuletzt gearbeitet."
„Ja. In Kenia. Ich war mit meinen Eltern auf Safari. In Mikes Gruppe. Wir alle haben ihn für einen netten Kerl gehalten."
„Wir auch", bestätigte Holly. „Den Eindruck macht er auch auf den ersten Blick. Locker, freundlich, ein ganz normaler netter Kerl. Und was passierte dann?"
„Meine Eltern wollten nach dem Urlaub noch bleiben. Sie arbeiten für eine Naturschutzorganisation und mussten noch irgendetwas erledigen. Aber ich musste zurück nach England, wegen der Schule." Daniel schüttelte den Kopf und grinste verächtlich. „Und da Mike zu seinem nächsten Job wollte und meine Eltern ihn für vertrauenswürdig hielten, haben sie ihn gefragt, ob er mich mitnehmen und ein paar Wochen hier bei sich behalten würde, bis die Schule wieder anfängt."
„Und Mike war einverstanden?"
Er nickte. „Sie haben ihn natürlich dafür bezahlt. Aber ihm ist wohl auch klar gewesen, dass ich die ideale Tarnung war."
„Wofür?" Holly rückte noch dichter an Daniel heran. „Tarnung wofür? Was hatte er vor?"
Daniel lachte kurz auf. „Darauf kommst du nie!"

„Diamanten!", sagte sie prompt. „Wir glauben, dass es etwas mit Diamanten zu tun hat."
Er starrte sie verblüfft an. „Ganz schön schlau. Wie seid ihr darauf gekommen?"
Holly erzählte ihm, was die Männer von Amsterdam gesagt hatten. „Wir wissen, dass Slingsby und Carter die Rohdiamanten zum Schleifen und Polieren dorthin gebracht haben. Und jetzt sind sie wieder in Amsterdam, um sie abzuholen", fuhr sie fort. „Wir wissen jedoch nicht, warum sie ein solches Geheimnis daraus machen. Und auch nicht, was Mike gegen dich hat."
„Was wäre, wenn ich dir sage, dass die Diamanten gestohlen sind?", fragte Mike. Seine Stimme wurde vom Rauschen des Wassers nahezu übertönt.
„Mike hat die Diamanten gestohlen?", wiederholte sie.
Daniel zuckte die Achseln. „Er kann sie auf keinen Fall gekauft haben. Nicht mit seinem Gehalt!"
„Aber wie? Wie hat er sie gestohlen?"
„Keine Ahnung. Als ich später darüber nachgedacht habe, fiel mir wieder ein, dass er sich während der Safari immer wieder mit geheimnisvollen Leuten getroffen hat. Es gab genug Gelegenheiten für ihn, eine Hand voll gestohlene Diamanten zu übernehmen. Ich behaupte ja nicht, dass er sie selbst gestohlen hat – versteh mich bitte nicht falsch. Aber er wusste, dass sie gestohlen waren; es war ein Lederbeutel voller ungeschliffener Steine. Ich glaube, dass er der Mittelsmann für die Diebe ist."
„Wie hast du das alles herausgefunden?"
„Das war leicht." Daniel grub mit einem Finger im Sand herum. „Vor der Zollkontrolle hat er sie mir untergeschoben. Er wäre doch nie das Risiko eingegangen,

sie selbst durch den Zoll zu schmuggeln! Aber er hat auch nie damit gerechnet, dass ich sie finden würde. Er hatte einen kleinen Schlitz in den Boden meines Rucksacks geschnitten, die Steine hineingesteckt und das Ganze mit Klebeband wieder zugeklebt. Die Zollbeamten haben mich keines Blickes gewürdigt. Vermutlich sah ich zu der Zeit noch respektabler aus als jetzt!"
„Schließlich saß ich in der Ankunftshalle und wartete auf Mike. Ihn hatten sie beim Zoll durchsucht! Während ich wartete, fiel mir der zugeklebte Schlitz an der Unterseite meines Rucksacks auf. Also zog ich das Klebeband ab und fand dahinter diesen Beutel mit etwas, das aussah wie kleine Glasstücke. Plötzlich riss Mike ihn mir aus der Hand. Da wusste ich es. Er hatte mich dazu benutzt, gestohlene Diamanten für ihn durch den Zoll zu bringen!" Daniel holte Luft. „Ich stand irgendwie unter Schock, und bevor ich etwas tun konnte, hatte Mike mich auch schon in einen Leihwagen verfrachtet und raste mit mir wie Richtung Lake District. Das Nächste, woran ich mich erinnern kann, ist, dass er über sein Mobiltelefon mit einem Kerl namens Carter gesprochen hat."
„Tony Carter!" Holly nickte. „Ich wusste, dass er irgendwie mit drinsteckt. Slingsby auch?"
„Ja, sie sind beide seine Komplizen. Sie haben die Kontakte in Holland. Mike ist mit Slingsby zur Schule gegangen, das heißt, sie kennen sich schon eine Ewigkeit. Sie sind wirklich Sozialarbeiter, aber ich vermute, dass Mike sie überredet hat, dieses Ding mit ihm zu drehen. Auf jeden Fall hat Mike Carter angerufen und ihm gesagt, dass es ein Problem gäbe. ‚Der Junge hat seine Nase

in unsere Angelegenheiten gesteckt', hat er gesagt. ‚Lass dir was einfallen, klar?' Dann hat er sich mit ihm in Kendal verabredet. Ich wusste, dass er irgendeine Gemeinheit vorhatte, aber ich konnte nichts anderes tun, als im Wagen sitzen zu bleiben und zu warten!"

„Und dann?", fragte Holly.

„Er hat sich mit Carter getroffen und mit ihm geredet, aber ich konnte nicht hören, worum es ging. Dann fuhren wir weiter. Schließlich haben sie mich in der Einfahrt zu einem großen Haus abgesetzt. Später habe ich herausgefunden, dass es einem Freund von Carter gehört, der zur Zeit im Ausland ist. Es lag weit außerhalb und es war mitten in der Nacht. Ein Fenster war eingeschlagen. Slingsby und Carter hatten einen Einbruch vorgetäuscht und waren dann schnell abgehauen. Mike hat mich mit einem Messer bedroht, bis die Polizeisirenen zu hören waren. In der letzten Sekunde ist er dann in seinen Wagen gesprungen und ebenfalls verduftet. Ich bin die Einfahrt hinuntergerannt, und es sah natürlich aus, als hätte ich versucht, in dieses dämliche Haus einzubrechen. Gewissermaßen auf frischer Tat ertappt."

„Also haben sie dich verhaftet ohne mit deinen Eltern zu sprechen?" Holly biss sich auf die Lippe. Daniel hatte wirklich einiges durchgemacht.

„Wie denn? Sie sind irgendwo im zentralafrikanischen Busch. Da gibt es nicht an jeder Ecke ein Telefon!"

„Und die Polizei hat dir nicht geglaubt?"

„Wundert dich das? Für die war ich doch nur ein verrückter Bursche, der irgendwelchen Blödsinn über geschmuggelte Diamanten von sich gab. Ich habe ihnen auch gesagt, dass ich nie in das blöde Haus einbrechen

wollte. Da haben sie nur gelacht! Mike hatte mich wirklich festgenagelt. Ich hätte den Ziegelstein, der das Fenster getroffen hat, genauso gut noch in der Hand haben können! Niemand hat sich auch nur im Geringsten dafür interessiert, was ich zu sagen hatte!"
Holly nickte. „Und Mike wusste, dass du in ein Erziehungsheim kommen würdest, solange deine Eltern nicht zu erreichen waren. Und dann hat er es so gedreht, dass Carter deinen Fall zugewiesen bekam? So ein Mistkerl!"
„Ja, so ungefähr!" Daniel holte tief Luft und lehnte sich gegen die Felswand. „Es gab nur ein Problem für die drei: Sie hatten keine Ahnung, dass ich vorhatte, ihnen zu entkommen. Ich hätte niemals tatenlos zugesehen, wie sie mit den Diamanten davonkommen! Ein paar Tage war ich in einer Zelle und hatte mir überlegt, dass ich sie aufhalten konnte, wenn es mir gelang, aus dem Wagen zu flüchten, mit dem sie mich in das Erziehungsheim bringen wollten."
Holly seufzte. „Und dann kamen wir."
„Ja, Pech für mich", sagte Daniel trocken. „Ich hätte nie gedacht, dass sich jemand einmischen würde, wenn ich aus dem Wagen springe!" Er lächelte kurz. „Und der Rest der Geschichte ist wohl allgemein bekannt."
„Nicht ganz. Ein Punkt ist mir immer noch nicht klar. Also, den Diamantenschmuggel und den fingierten Einbruch, der deine Glaubwürdigkeit bei der Polizei zunichte machen sollte, kann ich ja noch verstehen. Aber was war mit dem Sturz von dem Felsen? Wer war das, wenn du es nicht warst? Oder bist du wieder aufgetaucht und unbemerkt zum Ufer geschwommen?"

Daniel erhob sich und hielt sich das Handgelenk. „Hast du das nicht durchschaut?"
„Nein. Wir haben jemanden fallen sehen. Die anderen drei kamen wieder hinter dem Hügel hervor; du nicht. Natürlich haben wir angenommen ..."
„Ihr dachtet, ihr hättet jemanden fallen sehen!", unterbrach Daniel sie. „Alle dachten, sie hätten jemanden in den See stürzen sehen. Und genau das sollten sie auch denken!"
„Du meinst ...?" Hatte Holly recht gehört? Wollte er damit sagen, dass überhaupt niemand abgestürzt war?
„Ist in dem See irgendetwas gefunden worden?", fragte er.
„Nein. Die Polizei hat zwar stundenlang gesucht und später auch Suchmeldungen herausgegeben, aber sie hat nichts gefunden."
„Das lag daran, dass es nichts zu finden gab." Daniel machte eine kurze Pause. „Als ich versuchte, ihnen davonzuklettern, hat Slingsby mir den Weg abgeschnitten. Mike hat ihm sein Messer zugeworfen. Slingsby hat mich gegen den Felsen gedrückt und mit dem Messer meinen Arm erwischt. Schließlich konnte ich ihm das Ding entreißen." Er ging zu dem Vorsprung an der Wand und zeigte Holly das große schwarze Jagdmesser, das ihnen schon bei ihrem ersten Besuch in der Höhle aufgefallen war. Dann deutete er auf sein verletztes Handgelenk.
Holly erinnerte sich an das Geschrei und den Lärm.
„Ich habe ganz schön um mich geschlagen, mir das Messer geschnappt und bin ihnen entkommen. Ich wusste nicht, was die drei vorhatten, doch beim Klettern

habe ich gehört, wie Mike Carter befahl, sein Jackett auszuziehen. Dann hat er einen Trainingsanzug aus seinem Rucksack geholt, das Jackett darübergestreift und beides mit Heidekraut und Steinen ausgestopft."

„Wie eine Vogelscheuche?" Allmählich wurde Holly alles klar. „Und das war es, was sie von dem Felsen geworfen haben?" In Gedanken sah sie wieder das blaue Bündel fallen und auf die Wasseroberfläche aufschlagen. „Nur ein Trainingsanzug voller Steine?" Sie seufzte erleichtert und lachte dann.

Daniel gab ihr Zeit, diese Neuigkeit zu verarbeiten. „Es war ein Trick, um euch von meiner Spur abzulenken. Mike war klar, dass ich entkommen würde, aber er dachte, er würde mich später noch erwischen. Er wusste, dass ich mit dieser Wunde am Arm nicht weit kommen würde. Anfangs hat sie stark geblutet."

„Kein Wunder, dass die Polizei im See nichts gefunden hat!", sagte Holly. „Durch die Steine ist das Bündel bestimmt sofort auf den Grund gesunken!" Sie erinnerte sich noch gut daran, dass Carter ohne Jackett wieder zwischen den Felsen hervorgekommen war. Jede Einzelheit stimmte mit Daniels Bericht überein. „Und wenn Mike dich schließlich erwischt hätte, wärst du geliefert gewesen. Er hätte dich ein für alle Mal zum Schweigen gebracht!" In der Höhle klang ihre Stimme dumpf und belegt. Ärgerlich ging sie auf den Ausgang zu.

„Ja, das wäre mein Ende gewesen. Das war mir klar."

„Der perfekte Mord!", rief Holly aus. „Wenn die Polizei denkt, dass du im See ertrunken bist, kann Mike unmöglich jemanden umgebracht haben, der längst tot ist!

Niemand würde auch nur auf die Idee kommen, nach deiner Leiche zu suchen! Niemand würde es je erfahren!" Mikes Plan war so raffiniert und hinterhältig, dass ihr der Atem stockte.

„Stimmt genau!" Daniel nickte. „Nur, dass er mich bis jetzt noch nicht hat! Bisher war ich ihm immer einen Schritt voraus!"

„Aber in der Nacht, in der Belinda sich verlaufen hat, warst du doch in Rover's Cottage, oder?"

Er nickte. „Ja. Bedank dich bitte in meinem Namen bei ihr, okay? Wenn sie nicht wie eine Dampfwalze durchs Fenster gekommen wäre, hätte ich wahrscheinlich immer noch oben geschlafen, als Mike kam. Aber Belinda hat mich geweckt, und ich konnte verschwinden. Sie hat mir vermutlich das Leben gerettet!"

Holly lächelte. „Das wird sie freuen." Dann wurde sie wieder ernst. „Warum hast du dich in der Hütte versteckt, obwohl du wusstest, dass Mike immer noch hinter dir her war?"

Daniel deutete auf sein verbundenes Handgelenk. „Einerseits wäre ich damit nicht mehr weit gekommen. Es hat furchtbar wehgetan. Außerdem fühlte ich mich durch den Blutverlust ziemlich schwach. Und andererseits hat Mike dafür gesorgt, dass man mich für einen Einbrecher und Dieb hält. Ich wollte einfach in der Nähe bleiben und versuchen, meine Unschuld zu beweisen."

„Ich denke, er hat gewusst, dass du nicht weit kommen würdest, und ist deshalb in der Nacht zur Hütte hochgestiegen. Rover's Cottage war wahrscheinlich nur einer der Orte, an denen er nach dir suchen wollte." Endlich

hatte Holly alle Zusammenhänge durchschaut. „Ich weiß noch, wie wütend Mike war, als er in die Hütte kam und nicht dich dort fand, sondern uns. Wir konnten nicht begreifen, warum er sich so aufgeregt hat!"
„Wegen dem Mord!", erinnerte Daniel sie. „Weil er einen Mord geplant hatte und wegen der Diamanten."
Holly musste noch einmal an Mikes Wutanfall denken. Er hatte sie angebrüllt, ihnen dann ein paar Ausreden geliefert und schließlich versucht, sie loszuwerden. Jetzt ergab alles einen Sinn.
Aber nun machte sie sich Sorgen um Daniel. Mike würde nie aufgeben. Am nächsten Tag würde er die geschliffenen Diamanten in Händen haben, und wenn es nach ihm ging, würde es keinen Daniel mehr geben, der ihn verraten konnte. „Du bist in Gefahr!" Sie sprach in das Rauschen des Wasserfalls. „Zum Glück hast du unsere Botschaft geglaubt!" Sie deutete auf die halb verwischten Worte im Sand. „Zum Glück bist du geblieben, um mir zu erzählen, was hier wirklich vor sich geht!" Sie lächelte ihm zu.
Daniel nickte nur.
„Und jetzt brauchen wir einen Plan, der es uns erlaubt, Mike mit seinen eigenen Waffen zu schlagen. Irgendetwas, mit dem wir ihn überführen können."
„Bist du sicher?" Daniel schaute zu dem rauen, feuchten Fels auf, aus dem die Höhlendecke bestand. „Weißt du noch, wie ich sagte, dass man sich mit Mike lieber nicht anlegen sollte?"
„Ja, und ich sagte, dass es dafür schon zu spät ist. Wir stecken alle schon viel zu tief drin, oder?"
Er lächelte und nickte. „Und wie ist dein Plan?"

12
Einen Dieb bestehlen

Tracy redete Belinda gut zu, um ihr von dem Felsen zu helfen. „Ja, gut, setz deinen linken Fuß auf diesen Vorsprung. Lass das Seil dein Gewicht tragen. Dir kann nichts passieren. Gut so!"
„Hör zu, du bist angeseilt. Du kannst unmöglich abstürzen." Mike Sandford war quer über die Felsen geklettert, um zu Belinda zu kommen. Er schien sich zu bemühen, seine Gereiztheit vor den anderen Mitgliedern der Gruppe, die oben warteten, zu verbergen.
„Psst. Sie machen sie nur noch nervöser!", sagte Tracy. Sie tauschte einen bedeutsamen Blick mit Belinda. Es lief großartig. Inzwischen war Holly bestimmt schon in High Force. „So, und jetzt stoß dich von dem Vorsprung ab und lass dich ein kleines Stück abwärts gleiten. Sehr gut. Jetzt stoß dich mit beiden Füßen ab. Super!" Tracy begleitete Belinda in aller Ruhe bis zum Boden, um Holly so viel Zeit wie möglich zu verschaffen.
Mike landete sicher am Fuß des Felsens und sah zu, wie Tracy Belinda auf dem letzten Meter die Hand reichte.
„Ich hätte wissen müssen, dass es mit euch dreien niemals einfach sein kann", knurrte er.
Belinda grinste Tracy an. „Weißt du was? Ich glaube, ich

habe gerade meine Höhenangst überwunden! Als ich dort in der Luft hing, hatte ich Zeit, mir die Landschaft anzusehen, und mir war nicht länger schwindelig. Ich glaube, ich bin endlich kuriert!" Sie lockerte das Geschirr und streifte es ab.

Tracy grinste ebenfalls, denn sie war stolz auf Belinda, die sich für diesen Trick freiwillig gemeldet hatte, obwohl sie wirklich unter einer leichten Form von Höhenangst litt. „Das freut mich!"

Mike schaute schon wieder nach oben. „Los, Holly, jetzt bist du an der Reihe!", brüllte er. Es kam keine Antwort. Er rief noch einmal hoch: „Steffie, sag Holly, sie soll sich bewegen! Sie sollte jetzt schon auf dem Weg nach unten sein!" Er legte die Hände wie einen Trichter vor den Mund. „Holly! Steffie! Hört auf herumzualbern und bewegt euch. Wir wollen schließlich nicht die ganze Nacht warten!"

Stattdessen erschien Ollies Gesicht an der Kante. „Kann ich nicht als Nächster runterkommen?", rief er.

„Nein, ich will, dass Holly vor dir hier unten ist. Schick sie bitte runter!" Er wartete, während Ollie zögernd aus seinem Blickfeld verschwand.

Ein paar Sekunden später erschien Steffies Gesicht. „Holly traut sich nicht, Mike. Kann ich nicht erst einmal kommen?"

Mike starrte nach oben. „Was geht da oben vor?"

„Nichts!" Steffie sah mit unschuldigem Gesicht zu ihm hinunter.

„Na warte, du kleines ...!" Mike wurde klar, dass man ihn ausgetrickst hatte. „Sie ist gar nicht da, stimmt's?" Er packte ein herabbaumelndes Seil und schleuderte es wütend gegen die Felswand. Dann stürzte er sich auf Tracy. „Das hast du mit Absicht gemacht!" Er schleuderte sie herum, sie geriet ins Stolpern, fing sich aber wieder und wich ihm aus. „Ihr haltet euch wohl für oberschlau!" Plötzlich wirbelte er herum und versuchte, Belinda zu packen, doch sie duckte sich rechtzeitig und sprang zur Seite. Er drängte beide gegen die Felswand. „Ihr habt eine Schau abgezogen, damit sich eure Freundin davonschleichen konnte!"

„Ich weiß gar nicht, wovon Sie sprechen", sagte Belinda. Sie ließen ihn keine Sekunde aus den Augen; der Nerv über seinem Auge zuckte wieder.

„Sagt mir sofort, wohin sie gegangen ist!", knurrte er. Belinda sah ihn trotzig an, als er auf sie zukam. Sie hatte zwar Angst, aber sie würde Holly nie verraten.

Dann schien er plötzlich drauf zu kommen. Er richtete sich auf und wirkte auf einmal unnatürlich ruhig. „Ich hab's!", sagte er, als hätte er gerade ein schwieriges Rätsel gelöst. „High Force!"

Tracy konnte nicht verhindern, dass sie überrascht nach Luft schnappte. Dadurch wusste er, dass er richtig geraten hatte.

„Der Wasserfall, stimmt's? Warum bin ich nicht schon früher darauf gekommen?"

„Ich habe keine Ahnung, was Sie meinen", sagte Belinda stur, doch ihr war klar, dass sie höchstens noch ein paar Sekunden gewinnen konnte.

„Tatsächlich nicht?" Er trat zurück und starrte die Mädchen an wie ein Raubvogel seine Beute. „Als ihr nicht rechtzeitig mit dem Schlauchboot angekommen seid, wusste ich, dass ihr etwas vorhattet. Aber ich

konnte mir nicht erklären, was es war. Jetzt weiß ich es."
Er unterbrach sich, als fürchtete er, zu viel zu sagen.
Trotz ihrer Angst wagte Tracy es, ihn herauszufordern.
„Warum? Was hätten wir schon vorhaben sollen? Was glauben Sie denn, was uns aufgehalten hat?" Sie wollte, dass er zugab, dass Daniel Martyn noch am Leben war.
Mike kam wieder einen Schritt auf sie zu und hatte die Augen zu schmalen Schlitzen zusammengekniffen. „Du bist verrückt!", sagte er nur. Er versuchte gar nicht erst, den Mädchen irgendeine Erklärung zu liefern. Er drehte sich einfach nur um und rannte los – Richtung High Force.
Belinda sah Tracy an. „Er weiß, dass wir es wissen!", keuchte sie. „So viel ist sicher!"
„Dass Daniel noch lebt?"
„Ja, man konnte es in seinem Gesicht sehen."
Tracy nickte. „Aber wir können ihn nicht einfach gehen lassen!" Er war so schnell losgerannt, dass die Mädchen keine Chance gehabt hatten, ihn aufzuhalten.
Dieser Ansicht war Belinda auch. „Wir können ihn nicht mehr aufhalten, dafür ist es zu spät. Aber wir können ihn verfolgen. Los, komm!" Sie spurteten hinter Mike Sandford her, der schon mindestens zwanzig Meter Vorsprung hatte.
„Vielleicht findet er die Höhle nicht!", keuchte Tracy. Sie hechtete über Felsen, die zwischen dem Farn kaum zu sehen waren.
Belinda nickte. „Sie liegt ziemlich versteckt. Hoffen wir, dass Holly und Daniel in der Höhle bleiben, bis die Luft wieder rein ist!"
Mikes Vorsprung wurde immer größer; ihm schien das

unebene Gelände nichts auszumachen. Tracy und Belinda stolperten hinter ihm her und versuchten verzweifelt, ihn nicht aus den Augen zu verlieren.

Holly hatte einen Plan – einen sehr gewagten Plan. Die Diamanten waren ein Vermögen wert, und Mike würde alles tun, um sie zu behalten. Das war ihre Ausgangssituation. „Wir müssen die Diamanten vor ihm kriegen!", erklärte sie Daniel ernsthaft. „Mike soll sie morgen übernehmen. Aber das müssen wir verhindern."
Daniel runzelte die Stirn und ging neben dem Höhleneingang in die Hocke. Sein anfangs misstrauischer Gesichtsausdruck war zurückgekehrt. „Bei dir hört sich das kinderleicht an."
Holly konnte seine Zweifel verstehen. „Oh nein, es wird ein hartes Stück Arbeit, und wir müssen genau den richtigen Zeitpunkt erwischen!" Sie dachte nach. „Slingsby und Carter treffen sich morgen Mittag um zwölf mit Mike und bringen die Diamanten mit."
Er nickte. „Und?"
„Sie werden Mike erwarten."
„Logisch."
„Das bedeutet, dass wir es irgendwie schaffen müssen, vor ihm dort zu sein!"
„Und dann?" Daniel spielte mit dem Jagdmesser herum und zeichnete mit der Spitze Muster in den Sand.
„Und dann stehlen wir ihnen die Diamanten!", verkündete Holly.
„Einfach so?" Er bohrte die Klinge in den Boden und drehte sich um.
„Hör doch zu! Slingsby und Carter rechnen nicht mit

uns. Wir müssen nur dafür sorgen, dass sie uns nicht erkennen. Und dann müssen wir ihnen die Diamanten wegnehmen, bevor Mike kommt!"
„Selbst wenn uns das gelingen sollte", sagte Daniel, „was haben wir davon?"
„Nur ein Dieb kann einen Dieb bestehlen!", erklärte ihm Holly. Sie war begeistert von ihrem Plan; er würde bestimmt funktionieren. „Kennst du das Sprichwort nicht?"
„Doch, natürlich, aber ich kapiere immer noch nicht, worauf du hinauswillst!"
„Also: Wir sind jetzt die Diebe. Wir schnappen uns die Beute und haben damit alle Beweise, die du brauchst. Du gehst damit zur Polizei, legst die Diamanten auf den Tisch und erzählst ihnen die ganze Geschichte! Dann müssen sie dir glauben!"
Daniel hockte immer noch auf dem schmalen Vorsprung am Eingang. Er dachte scharf nach. „Das könnte klappen", sagte er schließlich. „Mit den Diamanten als Beweis!"
„Es muss klappen!" Sie musste ihn überreden, es zumindest zu versuchen. „Oder hast du eine bessere Idee?"
Er schüttelte den Kopf und seufzte. „Der Plan sieht also so aus: Wir sind vor Mike dort. Wir stehlen die Steine. Und wir verduften, bevor Mike Gelegenheit hat, uns aufzuhalten. Das ist es doch, was du vorhast, oder?"
Holly nickte und wartete mit angehaltenem Atem auf seine Entscheidung.
„Na gut, es ist einen Versuch wert", meinte er schließlich.

Holly strahlte. „Toll! Wir treffen uns morgen um elf Uhr fünfundvierzig in Windermere. Am Dampferanleger."
Jetzt, wo alles besprochen war, konnte Holly es kaum noch erwarten, zu Tracy und Belinda zurückzukommen, die inzwischen bestimmt gewaltigen Ärger mit Mike hatten.
„Wie werdet ihr drei dorthin kommen?", fragte er.
Holly zuckte mit den Achseln. „Nach allem, was heute passiert ist, werden wir morgen früh wahrscheinlich im ersten Bus sitzen, der Butterpike verlässt. Aber wir werden auf jeden Fall dort sein, selbst wenn wir nicht rausfliegen sollten!" Sie sah ihm in die Augen und lächelte. „Wir bringen alles wieder in Ordnung!"
Er erwiderte das Lächeln. „Ich glaube dir. Frag mich nicht, warum, aber ich glaube dir!" Er strich sein dunkles Haar zurück. „Und vielen Dank!"
„Bedank dich jetzt besser noch nicht", riet sie ihm. „Warte damit lieber, bis alles vorbei ist."
Er nickte und rückte dann zur Seite, damit Holly neben ihm auf den Vorsprung kriechen konnte. Sie spürte das Spritzwasser auf ihrer Haut.
„Erstklassiges Versteck!", lobte sie.
„Allerdings!", erwiderte er stolz.
Zum ersten Mal war der missmutige Ausdruck aus Daniels Gesicht verschwunden. Seine Augen funkelten.
Er lächelte. „Und trotzdem vielen Dank!", sagte er und legte den Kopf zur Seite. „Dafür, dass du das alles für mich tust!"
Holly wurde rot. „Das ist schon in Ordnung. Du musst jetzt nur noch dafür sorgen, dass Mike dich heute Nacht nicht erwischt!"

Er lachte. „Ich werde mein Bestes geben!"
„Dann bis morgen Vormittag in Windermere!" Sie kroch auf den Vorsprung hinaus und ließ Daniel in der Sicherheit der Höhle zurück.

Holly kroch den Vorsprung entlang und sah nach oben, um abzuschätzen, wie hoch der Wasserfall war. Nach oben zu klettern, erwies sich als der kürzeste Weg; also arbeitete sie sich an den glitschigen Steinen empor.
Sie hatte gerade den oberen Rand des Hanges mit den Fingerspitzen erreicht und wollte sich hochziehen, als sie Geschrei vernahm. Sie zog sich ein Stück weit hoch und sah, dass Mike Sandford durch die Bäume auf sie zugestürmt kam und von Tracy und Belinda verfolgt wurde.
„Holly, pass auf!", brüllte Belinda. „Er ist hinter dir her!"
Sie hing noch immer mit den Fingerspitzen an den glitschigen Steinen, direkt neben dem Wasserfall. Holly überlegte fieberhaft. Mike stürmte durch das Farnkraut auf sie zu. Tracy und Belinda rannten hinter ihm her.
Holly warf einen kurzen Blick auf den Vorsprung vor der Höhle. Zum Glück war Daniel klug genug, in seinem Versteck zu bleiben. Doch sie musste sich jetzt mit Mike Sandford auseinander setzen, mit seinen Drohungen und seinen Fragen. Hastig zog sie sich an der Kante hoch, legte sich flach auf den Bauch und rollte sich aus der Gefahrenzone. Doch noch bevor sie aufstehen konnte, kam Mike auch schon durch den Bach gestürmt, der den Wasserfall speiste, hatte sich auf sie gestürzt und sie am Arm gepackt.
Mike riss sie auf die Füße, verlor dabei das Gleichge-

wicht und fiel mit ihr in den Bach. Beide waren augenblicklich vollkommen durchnässt.

Belinda und Tracy rannten durch den Wald auf sie zu, doch als sie sahen, dass Mike Holly fest umklammert hielt, blieben sie erschrocken stehen. Holly und Mike befanden sich gefährlich nahe am Wasserfall. Das Wasser des Bachs wirbelte um ihre Beine. Es sah aus, als versuchte Mike, Holly hinabzustoßen!

Mit all ihrer Kraft schaffte es Holly, sich zur Seite zu drehen. Mike verlor das Gleichgewicht und rutschte auf den bemoosten Steinen aus. Er musste sie loslassen. Holly watete tiefer in das Bachbett. Fluchend sprang er auf und verfolgte sie.

„Damit kommst du mir nicht davon!", brüllte er, um das Rauschen des Wassers zu übertönen. Wieder stürzte er sich auf sie.

Sie war von Tracy und Belinda abgeschnitten, und er drängte sie immer weiter auf den Wasserfall zu. Beinahe wäre sie gestürzt, konnte sich aber mit den ausgestreckten Armen gerade noch abstützen. Sie ging ein paar Schritte zur Seite, um Mike auszuweichen und stand dicht an der Kante – zu dicht. Die Wassermassen stürzten schaumig weiß in einen Teich am Fuße des Wasserfalls hinab.

Mike sprang wieder auf sie zu. Holly duckte sich. Die Strömung zog an ihr. Sie versuchte, sich an einer Baumwurzel festzuhalten, verfehlte sie und glitt noch näher an die Kante.

„Holly!", schrie Tracy verzweifelt.

Holly versuchte, irgendwo einen Halt zu finden und von der Kante wegzukommen, doch das Wasser, das ihr in die Augen spritzte, nahm ihr die Sicht. Mike würde es wieder versuchen. Er wollte sie hinunterstoßen, das konnte sie an seinen Augen ablesen. Doch bevor er einen neuen Angriff starten konnte, drehte sie sich um, holte Schwung und machte sich zum Absprung bereit. Dann sprang sie ab, mitten in die Wolke aus Spritzwasser, und fiel und fiel!

Sie landete in der Mitte des kalten, klaren Teichs. Sie tauchte mit den Füßen voran tief ein. Luftblasen stiegen auf, und ihre Bluse hob sich bis an die Schultern. Dann berührten ihre Füße den Grund, und sie stieß sich kräftig ab. Sie öffnete die Augen, sah nach oben und begann, auf das helle, grünlich-blaue Licht der Oberfläche zuzuschießen.

„Holly!", kreischte Belinda, als sie ihre Freundin verschwinden sah, und blies mit aller Kraft in die Trillerpfeife für Notfälle. Sie und Tracy rannten zur Kante des Wasserfalls, wo Mike immer noch stand und sich an einem Ast festhielt, um nicht hinter Holly herzustürzen. Die beiden starrten hinunter auf den Teich.

Tracy war entsetzt. Die Oberfläche des Teiches brodelte und schäumte. Aber von Holly war nichts zu sehen.

„Sie ist weg!", stieß Belinda hervor. „Sie muss mit dem Kopf auf einen Felsen gefallen sein. Tracy, sie ertrinkt!"

Es war keine Zeit mehr für lange Überlegungen. Tracy holte tief Luft. „Bereit?", fragte sie.

Belinda nahm ihre Brille ab und nickte.

„Dann los!" Tracy sprang mit einem Riesensatz ab, dicht gefolgt von Belinda. Sie stürzten mit dem Wasserfall herab. Sie würden Holly retten. Dafür waren sie bereit, alles zu riskieren.

Zwei weitere Körper tauchten in die kristallklare Tiefe ein. Gleichzeitig kam ein Kopf mit braunen Haaren an die Oberfläche – es war Holly, die nach Luft schnappte. Hoch über ihr sah sie Kopf und Schultern von Mike Sandford, der hilflos zu ihr hinunterstarrte. Kurze Zeit später tauchte Tracys Blondschopf neben ihr auf.
„Bist du in Ordnung?"
„Ja, alles klar. Siehst du?" Holly schwamm ein paar Züge, um zu beweisen, dass ihr wirklich nichts fehlte.
„Wo ist Belinda?"
„Hier!" Belinda war hinter ihr an die Oberfläche gekommen. „Ist euch was passiert?"
„Nun hör schon auf mit der Lebensretter-Nummer!", sagte Tracy und lachte erleichtert. „Wie es aussieht, ist Holly freiwillig gesprungen!"
Belinda blinzelte und strich sich das nasse Haar aus dem Gesicht. „Typisch! Und wir springen auch noch hinterher, um dich zu retten!" Durch den Wald rannten Leute auf sie zu, die Belindas Alarm gehört hatten.
„Trotzdem vielen Dank!" Holly schwamm an einer Stelle ans Ufer, an der es sanft abfiel. Als alle drei wieder an Land waren, traf gerade die Rettungsmannschaft ein. Die Mädchen sahen nach oben, um zu sehen, was Mike vorhatte. Er hatte die Helfer vom Herrenhaus ankommen sehen und kletterte gerade den Abhang neben dem Wasserfall herunter. Sie hörten ihn nach Jo Thomas rufen. Er kletterte ohne das geringste Zögern an dem Vorsprung vorbei, der zu Daniels Höhle führte. Holly atmete erleichtert auf.
„Was habt ihr jetzt schon wieder angestellt?", fragte Jo streng. „Seid ihr verletzt?" Sie betrachtete die tropf-

nassen Mädchen und richtete ihre Aufmerksamkeit dann auf Mike.
Er schnaufte vor Wut. „Ich habe es satt mit diesen dreien!", brüllte er. „Was zu viel ist, ist zu viel! Entweder sie gehen oder ich!"
Jo hörte sich Mikes Bericht über die Ereignisse an; wie Belinda ihn beim Abseilen vorsätzlich abgelenkt hatte, damit Holly sich für irgendeine verrückte Unternehmung fortschleichen konnte. „Und dann springen diese drei Wahnsinnigen von oben in den Wasserfall!", brüllte er. „Sind die vielleicht übergeschnappt, oder was?"
Holly hörte sich seinen Ausbruch gelassen an. „Belinda und Tracy dachten, ich würde ertrinken", erklärte sie. Doch es schien sinnlos, sich zu verteidigen. Ihr Plan für den morgigen Tag stand fest, und es passte ihnen ausgezeichnet, jetzt von der weiteren Teilnahme am Kurs ausgeschlossen zu werden. Mit einem warnenden Blick bedeutete sie Tracy und Belinda zu schweigen. Sie warteten auf Jos Entscheidung.
Jo verschränkte die Arme und seufzte. „Diesmal seid ihr zu weit gegangen", sagte sie . „Ich hatte euch eine letzte Chance gegeben, und ihr habt sie vertan. Diese Extratouren sind gefährlich, das wisst ihr ganz genau!"
Hollys tropfnasse Kleidung fühlte sich plötzlich eiskalt und klamm an. Sie hörte Jos Worte wie durch einen Nebel. Aus dem Kurs zu fliegen hatte sie zwar beabsichtigt, doch ihren Stolz verletzte es trotzdem.
„Ich habe keine Wahl. Ich kann die Verantwortung für euch hier nicht länger übernehmen. Ich muss euch nach Hause schicken."
Mike nickte; ein einzelnes, energisches Kopfnicken. Be-

linda und Tracy traten unbehaglich von einem Fuß auf den anderen. Nur Holly stand bewegungslos. Aber auch sie sagte kein Wort.
Jo fuhr fort. „Ihr drei werdet heute Abend eure Koffer packen. Ich werde inzwischen eure Schulleiterin anrufen und ihr vorschlagen, dass ich euch morgen nach Windermere fahre, wo sie euch übernehmen und nach Willow Dale zurückbringen kann." Sie machte eine Pause und fuhr dann fort. „Ich kann mir nicht vorstellen, dass sie sehr glücklich darüber sein wird, wenn sie hört, was ihr euch hier geleistet habt."
Tracy seufzte. Belinda ließ den Kopf hängen. Nur Holly stand aufrecht da und sah Jo in die Augen.
„Habt ihr verstanden, was ich gesagt habe?", fragte Jo streng. „Ich schicke euch nach Hause!" Sie machte auf dem Absatz kehrt und ließ die drei in Ungnade gefallenen Mädchen einfach stehen.
Hinter ihnen gab Mike ein zufriedenes Grunzen von sich und marschierte dann mit der Rettungsmannschaft zurück zum Herrenhaus.
Holly wartete, bis alle anderen außer Hörweite waren. „Ja!", jubelte sie, sprang hoch und schlug mit der geballten Faust ein Loch in die Luft. „Wir sind endlich rausgeflogen!" Sie drehte sich zu Tracy und Belinda um und strahlte übers ganze Gesicht.
„Hey!", sagte Belinda. „Ich bin diejenige, die sich freuen sollte, wenn das passiert. Vergiss nicht, dass ich jede Minute hier gehasst habe!" Sie grinste übers ganze Gesicht.
„Nein, hast du nicht. Du fandest es toll!", widersprach Tracy und wrang ihr T-Shirt aus. „Ich dagegen bin am

Boden zerstört!" Doch auch ihr Grinsen reichte fast von einem Ohr zum anderen. „Und wie sieht unser Plan aus? Los, Holly, erzähl schon!"
Holly hakte sich bei den Freundinnen ein und sie machten sich auf den Weg zum Herrenhaus. In ihren Schuhen schwappte das Wasser, und ihre Kleider tropften noch immer. „Nun", sagte sie genussvoll, „was haltet ihr davon, morgen unter die Diamantendiebe zu gehen?" Dann erklärte sie den beiden den Plan, der Daniel Martyn retten sollte.

13
Verzweifelte Maßnahmen

Steffie stand neben Tracys Bett im Mädchenschlafsaal.
„Es tut mir wirklich Leid", sagte sie.
Tracy fuhr fort, Sachen in ihren Rucksack zu stopfen. Die Sachen, die sie am nächsten Tag tragen wollte, wanderten auf einen Extra-Haufen: T-Shirt, Jeans, Turnschuhe. Sie schüttelte den Kopf. „Danke, Steffie. Aber du brauchst dir um uns keine Sorgen zu machen."
Steffie seufzte. „Aber man hat euch aus dem Kurs geworfen!" Sie setzte sich auf Tracys Bett.
Holly hörte auf zu packen und sah sie an. „So schlimm ist das nicht." Sie musste sich Mühe geben, vor Steffie zu verbergen, wie froh sie im Grunde war.
„Wieso nicht?" Steffies Neugier war geweckt. „Bei euch drei weiß man wirklich nie, woran man ist. Ihr habt doch irgendetwas vor!"
„Wie kommst du denn darauf?", fragte Tracy unschuldig und warf ihre Haarbürste in den Rucksack. Sie bedachte Steffie mit einem Lächeln.
„Mir könnt ihr nichts vormachen!" Steffie grinste. „Wollt ihr mich nicht einweihen?" Sie wandte sich Belinda zu. „Warum sind die beiden so froh über ihren Rausschmiss? Das ergibt doch keinen Sinn."

Belinda schüttelte den Kopf. „Das siehst du ganz falsch, Steffie. Wir sind alle ziemlich fertig. Überleg dir nur, was Miss Horswell dazu sagen wird. Und meine Mutter erst!" Sie seufzte und holte eine schicke weiße Bluse und den dazu passenden dunklen Rock aus ihrem Schrank, beides Kleidungsstücke, die ihre Mutter ihr aufgezwungen hatte. „Meine Mutter wird sich fürchterlich aufregen!"

„Oh, Belinda, wie konntest du mir das antun?", äffte Tracy die vornehme Mrs Hayes nach. Sie schnappte sich Belindas neue Bluse und hielt sie sich an. „Und die schöne neue Bluse, die ich dir extra gekauft habe, hast du auch nicht einmal angehabt!"

„Hör schon auf, Tracy", murmelte Belinda und entriss ihr die Bluse. „Mütter sind so peinlich!" Sie stopfte das verhasste Kleidungsstück tief in ihre Reisetasche.

„Halt, warte!" Holly zog die Bluse wieder hervor. Belinda hatte sie verknittert, und so wandte sich Holly an Steffie. „Wenn du etwas tun willst, das uns hilft ...", begann sie.

„Klar!" Steffie sprang auf, zu allem bereit.

„... dann könntest du in den Wäscheraum laufen und diese Bluse kurz überbügeln", sagte sie und hielt ihr Belindas Bluse entgegen.

„Oh", sagte Steffie enttäuscht.

Tracy lachte. „Ja, geh schon, Steffie, und lass uns in Ruhe packen. Siehst du nicht, wie nahe es uns geht, mit Schimpf und Schande davongejagt zu werden?" Sie legte eine Hand an die Stirn wie die Heldin in einer Tragödie.

Steffie verzog das Gesicht und nahm Holly die Bluse ab.

„Ja, ja. Ich merke schon, wenn ich unerwünscht bin!"
Sie gab auf und verließ den Schlafsaal. „Soll ich dieses Ding wirklich bügeln?", fragte sie noch.
Holly nickte. „Ja, bitte. Belinda wird sie morgen auf der Heimfahrt anziehen."
Steffie konnte sich ein Grinsen nicht verkneifen, ging hinaus und zog die Tür hinter sich zu.
„Wie kommst du denn auf die Idee?", beschwerte sich Belinda. „Holly, hast du dir diese Bluse einmal näher angesehen? Da sind ... Rüschen dran!"
„Eben." Holly genoss Belindas Empörung. „Sie ist hübsch und adrett. Wünscht sich deine Mutter nicht schon lange, dass du so aussiehst?"
Tracy mischte sich ein. „Komm schon, Holly, worum geht es dir wirklich? Doch wohl nicht nur darum, Belindas Mutter gnädig zu stimmen, oder?"
Holly grinste und setzte sich auf ihr Bett. „Natürlich nicht. Aber die Bluse ist hübsch, das musst du zugeben. Und der Rock ebenfalls."
„Na und?" Belinda wurde klar, dass Holly wieder einmal eine Idee hatte. „Du erwartest doch wohl nicht von mir, dass ich dieses Zeug anziehe, oder?"
„Es ist genau das, was mir für morgen vorschwebt. Ein Glück, dass es deine Mutter gibt, Belinda, denn sonst säßen wir ganz schön in der Klemme."
Belinda und Tracy sahen sich verwirrt an. „Also gut, Holly Adams!" Tracy warf sich neben Holly auf das Bett, streckte sich lang aus und verschränkte die Arme unter dem Kopf. „Ich werde so lange auf diesem Bett liegen bleiben, bis du uns erzählst, was du vorhast!"
„Und ich werde diese grauenhafte Bluse nicht anziehen,

wenn du mir nicht einen guten Grund dafür nennen kannst!" Auch Belinda ließ sich auf das Bett plumpsen.
Holly musste lachen. „Also gut, die Bluse und der Rock sind das, was der gut gekleidete Dieb trägt!" Dieser Geistesblitz kam ihr, als sie gesehen hatte, wie Belinda die Sachen in ihre Tasche packen wollte.
„Dieb?", wiederholte Belinda ungläubig.
Holly nickte und beeilte sich zur Sache zu kommen.
„Also, jetzt Scherz beiseite. Wir werden Mike die Diamanten stehlen! Daniel hat versprochen, uns dabei zu helfen. Ich sagte ihm, dass unser Plan fertig sein würde, wenn wir uns morgen im Café treffen. Ich arbeite schon daran, seit ich aus der Höhle zurück bin, aber ich muss zugeben, dass mir bis eben noch nichts Geniales eingefallen ist."
Tracy nickte und stützte sich auf ihre Ellenbogen. „Zum Beispiel, wie man drei erwachsenen Männern einen Beutel mit Diamanten wegnimmt?"
„Wir könnten versuchen, sie voneinander zu trennen", schlug Belinda vor. Sie klang ruhig und sachlich. „Wenn es uns gelingt Mike, Slingsby und Carter voneinander fern zu halten, müssten wir leichter mit ihnen fertig werden."
Holly nickte. „Das dachte ich mir auch. Und da kommen dein Rock und deine Bluse ins Spiel."
Hollys durchdringender Blick verunsicherte Belinda. „Woher weiß ich schon jetzt, dass mir nicht gefallen wird, was gleich kommt?", murmelte sie.
Tracy schnappte sich den maßgeschneiderten Rock und hielt ihn vor Belindas Taille. „Aschenputtel, du wirst zum Ball gehen!", sagte sie lachend. „Aber im Ernst, Holly, warum soll Belinda sich so auftakeln?"

Holly räusperte sich. „Weil sie eine Kellnerin sein wird!"
„Tatsächlich?" Belinda blinzelte Holly durch ihre Brillengläser an.
„Allerdings! Du wirst die neue Kellnerin des Cafés sein", sagte Holly entschieden.
„Weiß die Cafébesitzerin das schon?", fragte Tracy grinsend. Ihr gefiel die Idee, dass Belinda sich verkleiden sollte.
„Noch nicht", musste Holly zugeben. „An dieser Stelle kommen wir ins Spiel." Sie erklärte Tracy, wie sie die Cafébesitzerin ablenken würden, damit Belinda am Tisch von Slingsby und Carter ungestört Kellnerin spielen konnte. „Sie werden als Erste dort sein und auf Mike warten. Und sie werden die Diamanten bei sich haben."
„Und was soll ich zu ihnen sagen?" Belinda war anzusehen, dass sie in Panik geriet. „Was ist, wenn sie mich wieder erkennen?"
Tracy war inzwischen so begeistert von Hollys Plan, dass sie Belindas Einwände nicht gelten ließ. „Das werden sie nicht! Nicht, wenn du deine Brille abnimmst und dein Haar hochsteckst. Du wirst vollkommen verändert aussehen – einfach spitze!", versicherte sie ihr.
„Aber was soll ich sagen?"
Holly dachte nach. „Mal sehen. Wir müssen sie irgendwie voneinander trennen. Ich hab's. Du musst einem von beiden eine Nachricht überbringen. Irgendetwas mit dem Telefon ... das ist es! Du gehst an ihren Tisch und sagst Mr Carter, dass ein Mr Mike Sandford ihn dringend am Telefon sprechen möchte!"
„Super!" Tracy nickte zustimmend. „Darauf fällt er sicher herein!"

„Er wird zum Telefon stürmen, um ein Gespräch entgegenzunehmen, das gar nicht existiert, und Tracy, Daniel und ich werden schon auf ihn warten", erklärte Holly.

„Wir werden uns auf ihn stürzen", fügte Tracy hinzu. „Dann schnappen wir uns die Diamanten und verduften damit!"

„Leichter gesagt als getan", warnte Belinda, doch auch sie erkannte mittlerweile die Möglichkeiten, die ihnen dieser Plan bot.

„Nur noch eine Frage." Tracy machte ein nachdenkliches Gesicht. „Wir gehen davon aus, dass Carter die Diamanten hat. Was aber, wenn es Slingsby ist?"

Holly runzelte die Stirn. „Das glaube ich nicht. Slingsby ist nur ein Mitläufer. Ich bin sicher, dass Carter die Diamanten nicht aus der Hand gibt, bis Mike eintrifft. Was meint ihr?"

Belinda und Tracy nickten.

Holly holte tief Luft. „Glaubt ihr, dass es klappt?"

Die drei sahen sich ernst an. Dann nickten sie.

„Verzweifelte Situationen erfordern verzweifelte Maßnahmen", sagte Belinda.

„Und gutes Timing und etwas Glück", fügte Tracy hinzu. „Ich finde den Plan genial. Gut gemacht, Holly."

Belinda dachte noch an ein anderes Problem. „Was ist, wenn Mike vor uns in dem Café ist? Dann wäre alles verloren!"

Darauf hatte Tracy eine Antwort. „Das wird er nicht!"

„Woher weißt du das?", wollte Holly wissen.

„Weil ich vor fünf Minuten belauscht habe, wie er in Jos Büro über uns gesprochen hat!" Tracy war so aufgeregt,

dass sie kaum sprechen konnte. Ihre blauen Augen strahlten. „Jo sagte, sie hätte mit Miss Horswell gesprochen und mit ihr vereinbart, uns morgen am Busbahnhof von Windermere abzusetzen. Das liegt auf halbem Weg, und Miss Horswell braucht nicht so weit zu fahren, um uns abzuholen. Sie sagte zu Mike, dass sie gegen halb elf losfahren wollte, um rechtzeitig dort zu sein. Aber Mike hat angeboten, uns im Geländewagen hinzubringen. Er hat sogar darauf bestanden! Er sagte, er hätte morgen Vormittag ohnehin in Windermere etwas zu erledigen!"
„Das kann man wohl sagen", bemerkte Belinda trocken. „Er muss mal eben ein Beutelchen voller Diamanten abholen."
„Und was hat Jo dazu gesagt?", fragte Holly.
„Sie war einverstanden. Er sagte, dass er uns kurz nach halb zwölf an der Bushaltestelle absetzen will."
Holly lächelte. „Das bedeutet, dass wir genau wissen werden, wo er ist, und wir brauchen uns keine Sorgen zu machen, dass er vor uns in dem Café sein könnte!" Es gab noch viel zu bedenken, aber es war ein beruhigendes Gefühl, einen so gut organisierten Plan zu haben. „Wir sollten heute früh ins Bett gehen", sagte sie und warf einen Blick durchs Fenster. Draußen wurde es bereits dunkel.
Tracy nickte. „Ich werde mal nachsehen, ob Steffie die Bluse inzwischen gebügelt hat." Sie lachte beim Hinausgehen. „Belinda als Kellnerin!", spottete sie. „Das muss ich sehen!"
„Und ich gehe nach unten und hole mir aus dem Kartenständer im Spieleraum eine Straßenkarte von Win-

dermere", sagte Belinda zu Holly. „Vielleicht werden wir sie morgen brauchen!"

„Gute Idee." Holly packte weiter ihre Sachen ein und verspürte dabei eine Mischung aus Angst und Aufregung. Sie hatten einen Plan. Einen guten Plan. Mike würde nicht das Geringste ahnen, wenn er sie morgen wegbrachte. Er würde direkt in die Falle laufen!

Doch als die drei um zehn ins Bett gingen, starrten sie durch das Fenster den Mond an und konnten nicht schlafen. Sie mussten an Daniel denken, der hinter dem Wasserfall von High Force in seiner Höhle hockte und ständig auf der Hut vor Mike Sandford sein musste. Er konnte sich heute Nacht keinen Schlaf leisten.

Morgen würden sie ihn in Windermere treffen, doch in dieser Nacht konnten sie nichts tun, um ihm zu helfen.

14
Ein dringendes Telefongespräch

Am nächsten Morgen bedachte Mike Belinda mit einem abschätzigen Blick. „Bildest du dir etwa ein, dass du mit diesem Aufzug irgendjemanden beeindrucken könntest?", fragte er verächtlich.

Belinda wurde rot und sah an sich herunter auf die neue weiße Bluse und den schwarzen Rock. Sie stand mit Holly und Tracy neben ihrem Gepäck in der Eingangshalle des alten Herrenhauses. Es war Freitagmorgen, zehn Uhr.

„Eure Schulleiterin ist verdammt wütend auf euch." Mike weidete sich an den niedergeschlagenen Mienen der Mädchen. „Ihr zufolge ist es an der Winifred-Bowen-Davies-Schule noch nie vorgekommen, dass drei Schüler aus diesem Kurs geworfen wurden. Anscheinend hat sie schon mit euren Eltern telefoniert und ihnen gesagt, dass sie diese Angelegenheit auf keinen Fall ungestraft lassen wird!" Selbstzufrieden verschränkte er die Arme und lehnte sich gegen die Wand.

Holly versuchte, ihn zu ignorieren. Sie mussten sich auf die Aufgabe konzentrieren, die vor ihnen lag, nicht auf

Mikes Beschimpfungen – sie mussten die Diamanten stehlen und Daniel Martyn retten. Als Mike wegging, um den Wagen zu holen, flüsterte sie Tracy zu: „Wie findest du, sieht er aus?"

„Wer, Mike?"

„Ja. Sieht er aus wie jemand, der gerade einen Mord begangen hat?" Holly hatte die ganze Nacht vor Sorge um Daniel kein Auge zugetan.

Tracy schauderte und holte tief Luft. Dann schüttelte sie den Kopf. „Nein. Unter all seiner Gehässigkeit wirkt er immer noch ziemlich nervös. Und müde", fügte sie noch hinzu.

„Das denke ich auch. Aber wir werden es bald genau wissen." Belinda sah auf ihre Uhr. „Wann treffen wir uns mit Daniel?"

„Elf Uhr fünfundvierzig." Holly wanderte in der Halle auf und ab. Sie schaffte es sogar, Steffie zuzulächeln, die auf der obersten Treppenstufe saß und darauf wartete, sich von ihnen zu verabschieden.

Steffie nickte ihr zu und deutete auf Belinda. „Très élégante!", scherzte sie. „Wirklich schick!"

Belinda betastete ihre hoch aufgetürmten Haare. Auch wenn man es ihr vielleicht nicht ansah, war sie doch bereit, ihren Teil des Plans zu erfüllen, sobald Mike sie am Busbahnhof abgesetzt hatte.

„Kommt, gehen wir!", sagte Tracy. „Je schneller wir es hinter uns bringen, desto besser!" Sie hörte den Geländewagen vorfahren und warf sich ihren Rucksack über die Schulter.

„Einen Moment noch!" Holly hatte den Stadtplan von Windermere rausgeholt, um ihn ein letztes Mal zu stu-

dieren. Sie sah sich noch einmal den Weg vom Busbahnhof zum Anleger an. „Dafür dürften wir nicht mehr als fünf Minuten brauchen. Wenn wir die Abkürzung durch diese Gasse nehmen, können wir vor Mike dort sein. Mit dem Wagen muss er durch dieses Gewirr von Einbahnstraßen, in denen dichter Verkehr herrschen dürfte."
Tracy und Belinda nickten. „Hoffen wir auf einen Stau!", sagte Belinda.
Holly faltete den Stadtplan gerade wieder zusammen und ließ ihn hinten in ihrer Hosentasche verschwinden, als sie Mike eilig die Eingangsstufen heraufkommen hörte.
„Bringt euer Gepäck hinten in den Wagen", befahl Mike. „Ich sage Jo Bescheid, dass ihr jetzt fahrt."
Die Mädchen taten, was er gesagt hatte, und stiegen dann selbst ein. Sie schluckten, als Mike mit der Leiterin des Zentrums zurückkam.
Jo legte einen Arm auf das offene Rückfenster und sah die drei an. Sie wirkte eher traurig als verärgert. „Ich habe mit Miss Horswell telefoniert", berichtete sie ruhig. „Wir sind übereingekommen, die richtige Entscheidung getroffen zu haben. Sie ist der Meinung, dass dieser Ausschluss aus dem Kurs euch eine Lehre sein wird, und sie wird euch auf halbem Wege abholen am Busbahnhof von Windermere. Sie trifft euch dort um zwölf Uhr."
Holly spürte, wie ihr Gesicht glühte. Sie wusste nicht, was sie Jo sagen sollte.
„Ich vermute, ihr hattet gute Gründe für euer Verhalten?" Jo sah eine nach der anderen fragend an und

hoffte noch immer auf eine Erklärung. Sie spürten, wie Mike schon tief Luft holte, um jede mögliche Beschuldigung sofort energisch zurückzuweisen. Doch sie hatten noch immer keine Beweise, und deshalb schwiegen sie. „Also gut", seufzte Jo und richtete sich auf. „Vielleicht bekommt Miss Horswell etwas Vernünftiges aus euch heraus." Sie nickte Mike zu und wandte sich ab.
Mike legte den ersten Gang ein und fuhr vom Hof. Holly warf noch einen letzten Blick zurück und entdeckte Steffie, die neben den Steinsäulen am Eingang stand und ihnen nachwinkte.

Berge und Seen glitten an den Fenstern des Geländewagens vorbei. Auf dem klaren, blauen Wasser, in dem immer wieder kleine Inseln auftauchten, kreuzten Segelboote, Windsurfer glitten über die Seen, und ein Wasserskifahrer zog eine weiße Schaumspur hinter sich her. Mike Sandford raste über die schmalen Straßen und durch enge Kurven. Seine Kiefer waren zusammengebissen, und eine Hand schwebte ständig über der Hupe, mit der er langsamere Fahrer aus dem Weg jagte. Auf dem Rücksitz klammerten sich Holly, Tracy und Belinda schweigend an die Haltegriffe.
Er sprach während der ganzen langen Fahrt nur einmal. Sie fuhren gerade über einen der Bergpässe. Anscheinend war er überzeugt, gewonnen zu haben, und musste mit seinem Sieg prahlen.
„Das passiert, wenn man sich mit mir anlegt", sagte er. „Amateurdetektiv spielen! Mich ausspionieren, Notizen machen und heimliche Treffen abhalten! Habt ihr wirk-

lich geglaubt, dass ihr damit durchkommt?" Er schaltete in einen kleineren Gang, und der Motor heulte auf. Er lachte. „Wie fühlt man sich als Verlierer?" Inzwischen hatten sie die höchste Stelle hinter sich und fuhren bergab in Richtung Windermere.
Holly warf Tracy und Belinda einen warnenden Blick zu. Alle drei pressten ihre Lippen fest aufeinander und gingen nicht auf Mikes Herausforderung ein. Er würde in Kürze sein blaues Wunder erleben. Sie würden schon bald dieses selbstgefällige Grinsen aus seinem Gesicht vertreiben. Das hofften sie zumindest.
Mike folgte den Wegweisern zum Stadtzentrum. Hübsche, aus einheimischem Gestein erbaute Häuser säumten die Straßen. An jeder Straßenlaterne hingen Körbe voll rot blühender Geranien, und die ganze Innenstadt wimmelte von Touristen, die die Straßen verstopften.
Mike musste anhalten. Er klopfte nervös aufs Lenkrad und sah auf die Uhr. Dann ging es im Schritttempo weiter, vorbei an Geschenkartikelläden und Geschäften, in denen es Wanderschuhe und Campingartikel zu kaufen gab. Die Mädchen sahen aus dem Fenster und versuchten, sich zu orientieren. Es war kurz nach halb zwölf.
„Das wurde auch Zeit!" Mike hatte ein Schild entdeckt, das den Weg zum Busbahnhof wies, und bog ein letztes Mal links ab. Auf einem Parkstreifen neben einigen Wartehäuschen hielt er an.
Holly entdeckte Miss Horswell, die am Fahrkartenschalter auf sie wartete. Mit ihrem sorgfältig frisierten grauen Haar und dem eleganten dunkelblauen Kostüm sah sie genau so aus, wie man sich eine Schulleiterin vorstellte.
„Seid ihr bereit?", fragte Holly ihre Freundinnen. Ihre

Gesichter verrieten ihr, dass die beiden genauso nervös waren wie sie selbst.
Mike sprang aus dem Wagen und marschierte zum Heck. Er öffnete die Klappe und packte Tracys Rucksack. „Ihr geht und lasst euch den Marsch blasen", befahl er. „Ich bringe das Gepäck."
Die drei holten tief Luft und rannten über den Parkplatz. Als Miss Horswell sie entdeckte, trat sie ein paar Schritte vor. Sie sah aus, als wäre sie bereit, unverzüglich mit ihrer Strafpredigt zu beginnen, denn sie bedachte die Mädchen mit einem strengen Blick.
„Miss Horswell, es tut uns wirklich Leid!" Holly stieß hervor, was sie sich schon lange vorher zurechtgelegt hatte. „Wir können alles erklären ..." Sie entdeckte die Damentoilette am hinteren Ende des Busbahnhofsgeländes. „Aber dürfen wir bitte vorher schnell auf die Toilette gehen?", fragte sie in einem Tonfall, der keinen Zweifel an der Dringlichkeit ihrer Worte ließ.
Miss Horswell hob die Brauen, nickte dann aber. „Meinetwegen, aber beeilt euch. Wir können Mr Sandford nicht zumuten, dass er sich allein mit eurem Gepäck abschleppt! Nun geht schon!"
Holly, Tracy und Belinda rannten über den Busbahnhof, doch statt auf die Toilette zu gehen, liefen sie auf direktem Weg daran vorbei. Sie bogen nach rechts ab, ohne ihr Tempo zu verlangsamen. Miss Horswell blickte ihnen verblüfft nach, doch Mike kochte vor Wut, weil ihm klar wurde, dass die drei ihn schon wieder ausgetrickst hatten. Doch Holly hatte keine Zeit, die beiden zu beobachten; sie führte die Freundinnen durch Seitenstraßen hinunter zum Anleger.

Sie schossen durch die Menschenmassen, die die sonnigen Straßen bevölkerten, schlüpften zwischen Ständern voller Postkarten hindurch und hasteten an Eiskremständen vorbei. Holly vergewisserte sich, dass sie auf dem richtigen Weg waren; aus dem Stadtplan wusste sie, dass sie es fast geschafft hatten. In nur vier Minuten erreichten sie den Anleger, an dem die berühmten alten Dampfschiffe festgemacht hatten. Hinter ihnen erstreckte sich das silbrig-blaue Wasser des Sees.
„Da ist das Café!" Tracy deutete auf das kleine Restaurant, von dem aus man einen Blick auf den See hatte. Es sah gemütlich aus. Draußen standen ein paar blitzsaubere Tische, die zum Verweilen einluden. Im Innern des Cafés waren rot karierte Vorhänge zu sehen und hübsche Kiefernholztische.
„So weit, so gut", keuchte Belinda. „Aber wo ist Daniel?" Sie ließ ihren Blick suchend über das steinige Ufer wandern.
„Da!" Holly hatte einen großen schlanken Jungen in Jeans und einem blauen Hemd entdeckt. Er kam hinter einem Bootshaus hervor und bahnte sich einen Weg durch die Schwäne und Kinder, die die Uferpromenade bevölkerten. Holly sprang vom Anleger herunter und rannte ihm entgegen. Sie hielt ihn an seinem gesunden Arm fest. „Das ist Daniel! Daniel, darf ich dir Tracy und Belinda vorstellen?"
Tracy lächelte ihn an. „Hallo. Ich habe mich noch nie so gefreut, jemanden zu sehen, den ich vorher nicht kannte!"
Auch Belinda lächelte und zupfte ihre weiße Bluse zurecht, die bei der wilden Rennerei durch die Neben-

straßen verrutscht war. „Hallo. Sind Slingsby und Carter schon aufgetaucht?", fragte sie.
Daniel nickte. „Sie sind vor etwa fünf Minuten in das Café gegangen. Ich musste zwar in Deckung bleiben, aber ich bin sicher, dass sie es waren! Wo ist Mike?" Er ließ seinen Blick besorgt über die blumengeschmückte Uferpromenade schweifen.
„Er ist am Busbahnhof aufgehalten worden!", sagte Holly grinsend. Die Erleichterung darüber, Daniel wohlbehalten anzutreffen, gab ihr die Zuversicht, ihren Plan auszuführen. „Belinda wird sich als Kellnerin ausgeben und Carter ans Telefon rufen", erklärte sie Daniel. „Wir wollen die beiden voneinander trennen, und dazu müssen wir die Cafébesitzerin ablenken, damit sie nicht auf Belinda achtet. Danach stürzen wir uns auf Carter und nehmen ihm die Diamanten ab." Sie sah Belinda an. „Bist du bereit?"
Belinda nickte und zog ihren Rock zurecht.
„Gut. Und denk daran: Wir sind immer in deiner Nähe!", versprach Holly. „Vergiss nicht, dass du Carter zur Hintertür schicken musst! Und lass uns etwas Zeit, um die Besitzerin abzulenken, bevor du ihm die Nachricht überbringst. Zwei Minuten müssten reichen. Alles klar?"
Wieder nickte Belinda. „Viel Glück!", sagte sie und lief auf der Suche nach einem Hintereingang, durch den sie unbemerkt hineinschlüpfen konnte, um das Café herum.
Holly bedeutete Daniel, sich außer Sichtweite des Fensters aufzuhalten, während sie und Tracy an einem der Tische draußen Platz nahmen und auf die Bedienung

warteten. Daniel ging hinter einem Postkartenstand in Deckung und hielt nach Mikes Geländewagen Ausschau. Doch trotz seiner Furcht signalisierte er Holly und Tracy mit hochgerecktem Daumen, dass alles nach Plan verlaufen sollte.

Nach einigen Sekunden kam eine blonde Frau mittleren Alters an ihren Tisch, um ihre Bestellung aufzunehmen. „Guten Tag!" Sie lächelte und hielt Bestellblock und Stift in der Hand.

„Hallo!" Tracy lächelte ebenfalls. „Haben Sie Schokoladeneis?" Sie betonte ihren amerikanischen Akzent stärker als gewöhnlich. Sie wollte der Frau eine amerikanische Touristin vorspielen. „Diese kleine Stadt ist wirklich entzückend!", flötete sie. „Und Ihr Café ist einfach zauberhaft!"

Die Frau nickte lächelnd. „Dann darf ich euch also zweimal Schokoladeneis bringen?" Sie sah Holly fragend an.

Holly ließ sich mit ihrer Entscheidung Zeit. Sie warf einen Blick in das Café und entdeckte zwei Männer, die sich über ihren Tisch beugten. Sie konnte jedoch nicht sehen, ob es Belinda mittlerweile gelungen war, den beiden ihre Nachricht zu überbringen.

Plötzlich kam Tracy eine neue Idee. „Entschuldigen Sie", sagte sie zu der Cafébesitzerin. Sie holte ihre Minikamera aus der Tasche und hielt sie hoch. „Ob Sie wohl so nett wären, ein Foto von mir und meiner Freundin zu machen? Natürlich nur, wenn es Ihnen nicht zu viele Umstände macht." Sie lächelte gewinnend.

Die Frau nickte wieder. „Das macht überhaupt keine Umstände." Sie legte den Bestellblock weg und nahm

die Kamera in die Hand. „Darum bitten mich die Gäste ständig!" Gutmütig hob sie die Kamera vors Gesicht und wollte abdrücken.
„Lächle!", befahl Tracy und legte einen Arm über die Lehne von Hollys Stuhl.
„Einen Moment noch!" Holly tat, als müsste sie erst ihr Haar glätten und sich in Positur setzen. Die Frau hatte die Kamera auf sie gerichtet und wartete, doch für die Mädchen zählte jede Sekunde.
Im Innern des Cafés schaute Belinda nervös in den schmalen Flur. Direkt hinter der Glastür hing das öffentliche Telefon. Eine Tür daneben trug die Aufschrift WC, und eine weitere führte in die Küche. Durch die Tür auf der gegenüberliegenden Seite kam man in das Café. Belinda richtete sich auf, nahm ihre Brille ab, steckte sie in ihre Rocktasche und marschierte entschlossen in die Gaststube hinaus.
Tony Carter und Rob Slingsby saßen an einem Ecktisch und wirkten nervös. Sie hatten volle Kaffeetassen vor sich stehen, starrten aber nur aus dem Fenster und musterten jeden, der vorüberging. Slingsby hatte die Beine übereinander geschlagen und wippte mit dem Fuß. Carter umklammerte mit seinen dicken Fingern einen Lederbeutel, der neben seiner Kaffeetasse auf dem Tisch lag.
Dies alles fiel Belinda sofort auf. Sie näherte sich dem Tisch. In dem Lokal waren nur noch zwei andere Gäste; ein älteres Paar, unter dessen Tisch ein hechelnder schwarzweißer Spaniel lag. Tony Carter schaute auf, als Belinda näher kam. „Ja?", sagte er knapp.
Er hatte sie offensichtlich nicht erkannt. Belinda

schluckte und dankte ihrem Schutzengel. Draußen hatten Holly und Tracy die Cafébesitzerin gerade dazu überredet, sie zu fotografieren. „Bitte entschuldigen Sie die Störung", sagte sie. „Sind Sie Mr Carter?"
Der Mann atmete geräuschvoll ein. „Allerdings."
„Sie werden am Telefon verlangt – von einem Mr Mike Sandford", sagte sie. „Er bat mich, Ihnen auszurichten, es sei dringend."
Carter sprang auf. Sein Stuhl fiel zurück. Er folgte Belinda, ohne nachzudenken. „Wo? Wo ist das Telefon?" Er konnte die Gaststube gar nicht schnell genug verlassen.
„Hier entlang, bitte." Belinda führte ihn zwischen den Kieferntischen hindurch und spürte, wie er ihr in den Nacken keuchte. Als sie die Tür erreicht hatten, warf sie einen Blick zurück. Slingsby saß noch am Tisch. Er nagte an seiner Unterlippe und sah nervös auf die Uhr. Carter prallte gegen sie und schob sie halbwegs in den Flur hinaus. „Wo ist das Telefon?", fragte er noch einmal.
„Hier entlang!" Jetzt führte Belinda ihn durch den schmalen Flur, wie sie es geplant hatten.
Doch dann wurde ihr klar, dass etwas schief gegangen war. Etwas Entscheidendes. Als Carter aufgesprungen war, hatte er Slingsby den Beutel zugeschoben. Den Beutel mit den Diamanten! Wie sollten Holly und die anderen ihn sich jetzt schnappen können?
Slingsby saß im Café, wurde immer nervöser und misstrauischer und bewachte die Diamanten. Er hatte eine Hand auf dem Beutel liegen und rechnete mit allem.
Belinda zeigte Carter das Telefon am Ende des Flurs.

165

Daniel, Holly und Tracy warteten bereits an der Hintertür. Als Carter in der Telefonzelle verschwand, sauste Belinda zur Tür. In wenigen Augenblicken würde Carter den Trick durchschaut haben. „Er hat die Diamanten nicht!", flüsterte sie Holly hektisch zu. „Sie sind noch am Tisch! Slingsby hat sie!" Dann hastete sie den Flur hinunter.

Carter stürmte wutentbrannt aus der Telefonzelle. „Was geht hier vor?", fauchte er Belinda an. „Die Leitung ist tot! Was soll das Ganze?"

„Vielleicht ist Mr Sandford unterbrochen worden?", stammelte Belinda. Sie musste versuchen, noch ein paar Sekunden herauszuschinden. „Warten Sie doch; vielleicht versucht er es noch einmal."

Carter sah aufgeregt auf seine Uhr und schaute dann Belinda wieder an.

„Er wird es bestimmt noch einmal versuchen", beschwor sie ihn.

Zum ersten Mal sah Carter ihr direkt ins Gesicht. Er sah aus, als würde er sie wieder erkennen. Belinda ging rückwärts.

„He, einen Moment mal", sagte er und folgte ihr ins Café. „Haben wir uns nicht schon irgendwo gesehen?"

15
Der Mystery Club greift zu

Im Flur brach das Chaos aus. Carter stieß Belinda zur Seite, um möglichst schnell wieder in die Gaststube zu kommen. Slingsby sprang erschrocken von seinem Tisch auf. Die blonde Cafébesitzerin stürzte von draußen herein, um festzustellen, was der Aufruhr zu bedeuten hatte. „Carter können wir vergessen", dachte Holly. Sie bemühte sich, die veränderte Situation gelassen zu betrachten. „Slingsby ist unser Mann!", rief sie Daniel und Tracy zu. Belinda war immer noch damit beschäftigt, den wütenden Carter abzuwehren.

Daniel rannte wie der Blitz zurück zum Vordereingang des Cafés. „Kommt mit!", rief er.

„Was hat er vor?" Tracy stürzte hinter ihm her. „Sie werden ihn schnappen, wenn er nicht aufpasst! Hilf mir, ihn aufzuhalten, Holly!"

Doch Daniel stürmte durch die Tür des Cafés und baute sich in voller Lebensgröße in der geöffneten Tür auf. Tracy und Holly waren ihm gefolgt und beobachteten nun Slingsbys Reaktion auf das plötzliche Erscheinen des Jungen.

Slingsby stieß einen Wutschrei aus, griff sich den Beutel vom Tisch und stürmte auf Daniel zu, wobei er die Kaf-

feetassen herunterfegte. Offenbar wollte er versuchen, die Tür zu erreichen, doch Daniel, Holly und Tracy versperrten ihm den Weg, brachten ihn aus dem Gleichgewicht und versuchten, ihm die Diamanten zu entreißen.
„Daniel! Schnapp sie dir!", brüllte Holly. Sie krallte sich in Slingsbys Jackett, damit er nicht entkam. Tracy hatte die Arme um seine Beine geschlungen.
Daniel packte Slingsbys Handgelenk und zerrte an dem Lederbeutel. Slingsby versuchte, Tracy einen Tritt zu versetzen, doch sie hielt seine Beine eisern umklammert. Holly zog ihn immer noch nach hinten. Endlich gelang es ihnen, ihn zu Fall zu bringen. Der Beutel flog ihm aus der Hand und wirbelte durch die Luft.
Holly und Daniel stürzten sich gleichzeitig auf ihn. Holly war schneller. „Ich hab ihn!", kreischte sie.
„Holly, pass auf!", warnte sie Belinda. Carter hatte den Flur verlassen und Holly entdeckt.
„Hilfe!" Die arme Cafébesitzerin beobachtete hilflos das Getümmel. Die alten Leute mit dem Spaniel drückten sich verschüchtert in eine Ecke. „Hilfe, Polizei!", rief die Besitzerin verzweifelt.
Carter prallte gegen die Frau und stieß sie mit dem Rücken gegen den gläsernen Tresen. Das verschaffte Holly, Daniel und Tracy die paar zusätzlichen Sekunden, die sie brauchten. Holly, die den Beutel umklammert hielt, machte als Erste kehrt und rannte los.
Tracy und Daniel folgten ihr. Als sie durch die Tür waren, schlug Tracy sie hinter sich zu. Belinda kam aus der Seitenstraße, und gemeinsam ergriffen sie die Flucht.
Sie rannten auf die Fahrbahn. Autos kamen mit quiet-

schenden Bremsen zum Stehen. Carter und Slingsby kamen aus dem Café gestürmt und nahmen die Verfolgung auf. Plötzlich schoss ein grauer Geländewagen zwischen den stehenden Autos hervor und raste über den breiten Gehweg auf sie zu. Mike Sandford war angekommen!

Holly hechtete über einen Blumenkübel aus Beton; in der Hand hielt sie noch immer den Beutel mit den Diamanten. Sie wusste, dass Daniel, Tracy und Belinda dicht hinter ihr waren. Sie hörte das Krachen, als Mike den Geländewagen mit voller Absicht gegen den Blumenkübel rammte. Dann wurde die Fahrertür aufgestoßen, jemand tobte wütend herum, und danach waren nur noch Schritte zu hören. „Schneller!", keuchte Holly.

Passanten blieben verblüfft stehen. Niemand mischte sich ein, auch nicht, als Slingsby und Carter ihnen mit viel Gebrüll auf die Straße nachrannten. Am Wasser kam Hollys Gruppe zum Stehen.

„Hier entlang!" Belinda rannte unter dem hölzernen Anlegesteg hindurch. Holly, Tracy und Daniel folgten ihr. „Jetzt sind es vier gegen drei!", jubelte Belinda.

Holly grinste triumphierend und hielt die Diamanten hoch.

„Super!", keuchte Belinda. Sie rannten am Wasser entlang.

„Haltet sie!", brüllte Mike Sandford, der jetzt ebenfalls unter dem Steg hindurchrannte. Carter und Slingsby waren dicht hinter ihm. Ihre schweren Schritte ließen den Kies unter ihren Füßen knirschen.

Die Touristen wichen erschrocken zurück.

„Folgt mir!" Daniel bog ab und rannte die Ufer-

böschung hinauf. Er lief einen Bogen um die Gruppe der Schaulustigen, und unter seinen Stiefeln spritzte der Sand hoch. Die Mädchen folgten ihm.
Holly hielt den Beutel die ganze Zeit eisern fest. Unter ihren Füßen rollte der Kies. Die drei Männer versuchten, ihnen zu folgen, doch sie wurden durch die Menschenmenge aufgehalten.
„Unser Vorsprung wird größer", keuchte Holly.
Doch Daniel, der gerade über die Mauer klettern wollte, die den Uferbereich von der Straße trennte, hielt plötzlich an. Man hörte Sirenengeheul, und Autos fuhren an die Seite, um die Polizeiwagen durchzulassen. Die Straße würde in wenigen Sekunden vollkommen verstopft sein.
„Lasst uns durch die Nebenstraßen zurücklaufen!", schlug Belinda vor. Ihr hochgestecktes Haar hatte sich gelöst und hing ihr wirr ins Gesicht. Sie war zwar außer Atem, aber aufgeben würde sie nie.
Holly nickte. Sie sprangen über die Mauer, liefen durch ein Blumenbeet und waren schließlich wieder auf der Uferpromenade.
Mike Sandford sprintete quer über den Strand. Er versuchte, Holly, die sich einen Weg durch die Schaulustigen bahnen musste, den Weg abzuschneiden. Sie erkannte die Gefahr, riskierte einen schnellen Blick zur Seite und warf Tracy den Beutel mit den Diamanten zu. Tracy fing ihn im Laufen wie ein Handballspieler den Pass eines Mitspielers. Sie umging die Menschenmenge und rannte mit Belinda und Daniel weiter.
Mike schlug einen Haken. Er brüllte seinen Komplizen Anweisungen zu. „Verfolgt sie! Sie entkommen uns!"

Die Schaulustigen beobachteten die Flucht der jungen Leute mit offenem Mund. Holly schlüpfte durch eine Lücke und holte die anderen wieder ein. Sie rannten am Café vorbei und bogen in das dahinter liegende Gewirr von Gassen ein.

„Zum Busbahnhof!", rief Holly. Ihre Schritte hallten in der schmalen, kopfsteingepflasterten Gasse. Vor ihnen lag ein kleiner Platz mit Geschenkartikelläden und weiteren Cafés. Holly erkannte den Weg wieder. „Hier entlang!" Sie bog nach links ab, außer Sichtweite ihrer Verfolger.

„Lass bloß die Diamanten nicht los!", rief Belinda Tracy zu.

Tracy nickte und rannte mit gesenktem Kopf über den Platz auf den Busbahnhof zu.

Und genau in Mike Sandfords Arme! Er kannte sich in dieser Stadt besser aus und hatte eine Abkürzung benutzt. Tracy prallte mit voller Wucht gegen ihn und ließ vor Schreck den Beutel los. Auf dem Boden öffnete sich der Verschluss, und die kostbaren Diamanten drohten, überall hinzurollen.

Holly bückte sich, ohne ihr Tempo zu verlangsamen. Sie drückte den Schnappverschluss zu und riss den Beutel an sich. Mike griff ebenfalls danach, doch er war um Sekundenbruchteile zu langsam. Holly versetzte seinen Knien einen kräftigen Stoß. Sie gaben unter ihm nach, und er stolperte vorwärts, während sie schon wieder durchstartete.

Dann ging die Jagd weiter; Daniel lief voraus, und Carter war der Letzte, und alle sieben gaben bei dem Rennen zum Busbahnhof im Stadtzentrum ihr Äußerstes.

„Dorthin!" Belinda zeigte auf Miss Horswell, die verwirrt mitten in einem Haufen von Gepäckstücken stand und sich mit einer Polizistin über drei vermisste Mädchen unterhielt.
Holly presste den Beutel an ihre Brust und beschleunigte ihr Tempo auf den letzten Metern noch einmal. Sie erreichte die Polizistin außer Atem, aber im Triumph und drückte ihr unverzüglich die gestohlenen Diamanten in die Hand!

„Ich sagte doch, dass wir Ihnen später alles erklären würden!", sagte Holly, die nicht wusste, ob sie vor Erleichterung lachen oder weinen sollte. Tracy und Belinda hatten ihr die Arme um die Schultern gelegt und stützten sich gegenseitig. Daniel betrachtete die funkelnden weißen Steine, die auf der Handfläche der Polizistin lagen. Auch er war vollkommen außer Atem. Er legte den Kopf zurück und schnappte nach Luft.
„Darum ging es also die ganze Zeit?" Miss Horswell berührte einen Diamanten von der Größe einer Erbse mit der Fingerspitze. Er bewegte sich und funkelte im Sonnenlicht. „Ich glaube, allmählich verstehe ich es!"
Die Verfolgungsjagd war zu Ende, als Holly der Polizistin den Beutel in die Hand gedrückt hatte. „Beweise!", hatte sie gekeucht. „Jetzt kann niemand mehr Daniel Martyn einen Lügner nennen!"
Mike Sandford blieb mit kreidebleichem Gesicht und geballten Fäusten wie angewurzelt stehen. Er drehte sich um und wollte fliehen, doch die Polizei war schneller. Sie stellte ihn ebenso wie Slingsby und Carter.
Holly überließ es Daniel, alles zu erklären. Er erzählte es

den Polizisten gleich an Ort und Stelle im Busbahnhof von Windermere. Alles, von den geschmuggelten Diamanten über den vorgetäuschten Einbruch bis hin zu seinem angeblichen Todessturz.
Weitere Polizeiwagen hielten mit Blaulicht, und sechs oder sieben hochrangige Beamte sprangen heraus. Die Polizistin zeigte ihnen die Diamanten.
Einer von ihnen pfiff bewundernd durch die Zähne. „Die müssen ein Vermögen wert sein!"
Mike Sandford verzog schmerzlich das Gesicht und knirschte mit den Zähnen. Carter und Slingsby standen mit gesenkten Köpfen hinter ihm – in Handschellen, genau wie er.
„Bringt sie weg!", befahl einer der Polizisten.
Wagentüren wurden geöffnet und wieder zugeschlagen, und allmählich leerte sich der Busbahnhof.
Holly konnte einen Blick auf Mike Sandfords Gesicht werfen, als man ihn wegbrachte. Er starrte sie ausdruckslos an.
Vorsichtig ließ die Polizistin die Diamanten wieder in den Beutel rollen. Sie versiegelte ihn und übergab ihn ihrem Vorgesetzten. Dann lächelte sie und wandte sich Holly, Tracy und Belinda zu.
„Ist Daniel damit entlastet?", fragte Holly.
Die Polizistin nickte. „Es sieht ganz danach aus!"
Tracy und Belinda ließen sich erleichtert gegen eine Wand sinken. Daniel strahlte Holly an. „Darf ich mich jetzt bedanken?", fragte er. „Obwohl es eigentlich viel zu wenig ist, einfach nur danke zu sagen, nach allem, was ihr für mich getan habt!" Er schob die Hände in die Taschen und wurde dunkelrot.

Holly lächelte. Sie schwebte auf Wolken. „Das war es wert!", verkündete sie.
„Ja. Jede Minute", bestätigte Tracy grinsend.
„Jeder Zentimeter Berg und jede Sekunde voller Angst und Schmerzen!", fügte Belinda hinzu.
„Nun übertreibst du aber!", spottete Holly.
Belinda hob empört die Hände. „Nein, das tue ich nicht! Glauben Sie mir, Miss Horswell, jedes Wort ist wahr! Und ich werde in meinem ganzen Leben nie wieder Abenteuerferien mitmachen! Ist das klar?"

Wieder in der Schuluniform und an ihrem Platz in der Redaktion der Schülerzeitung seufzte Holly zufrieden. Sie hatte gerade die neueste Ausgabe von *Winformation* durchgeblättert und den Artikel von Steffie gelesen, der den Titel „Der Mystery Club stiehlt ein Vermögen!" trug. Sogar Miss Horswell hatte ein paar Zeilen zu dem Artikel beigetragen, in denen sie zum Ausdruck brachte, wie stolz sie auf die drei Detektivinnen von der Winifred-Bowen-Davies-Schule war und ihnen dankte.
„‚Gegen die drei Männer wird Anklage erhoben wegen Hehlerei, Schmuggel und Widerstand gegen die Staatsgewalt.' Ist das nicht toll?" Holly las die Stelle laut vor und sah dann Tracy und Belinda an.
Tracy schnappte sich die Zeitung. „He, Belinda, du bist ausdrücklich erwähnt! Hör dir das an! ‚Um Tony Carter von seinem Komplizen zu trennen, schlüpfte Belinda Hayes tapfer in die Rolle einer Kellnerin.' Wie findest du das?"
„Hmmm!" Belinda blinzelte und schob ihre Brille

hoch. Sie las den Artikel noch einmal. „Hier steht noch etwas anderes. Hört zu. ‚Belinda überwand sogar ihre Höhenangst, um Mike Sandford bei einer Abseilübung durch einen Trick abzulenken, während Holly Adams sich heimlich mit dem auf der Flucht befindlichen Daniel Martyn traf.'" Sie las es langsam und genussvoll vor und sah dann Holly und Tracy erwartungsvoll an. „Das klingt nicht schlecht, findet ihr nicht auch?"
„Ja, super!", bestätigten die beiden lachend.
In diesem Augenblick steckte Steffie den Kopf zur Tür herein. „Gefällt er euch?", fragte sie und deutete auf den Artikel.
„Er ist toll. Danke, Steffie", sagte Holly lächelnd.
„Habt ihr etwas von Daniel gehört?", fragte Steffie und gesellte sich zu ihnen.
„Er ist wieder in der Schule. Seine Eltern konnten inzwischen auch benachrichtigt werden. Sie sind sofort zurückgeflogen, und jetzt ist alles in Ordnung", berichtete Tracy.
„Seine Mutter hat meiner Mutter einen Dankesbrief geschrieben", erzählte Belinda. „Genau genommen hat sie an all unsere Familien geschrieben, um sich dafür zu bedanken, was wir für ihren Sohn getan haben!"
Steffie setzte sich an ihren Schreibtisch und nickte. „Und was hat deine Mutter gesagt?"
Belinda warf den Kopf zurück und sah Tracy und Holly an. „Wie soll ich es ausdrücken? Sagen wir mal so: Sie war nicht gerade begeistert." Sie errötete bei dem Gedanken daran, wie ihre Mutter am vergangenen Freitag in die Schule gestürmt war, um sie abzuholen.
„Oh, Belinda, wie konntest du?", sagte Tracy mit ihrer

Mrs-Hayes-Stimme. „Wie konntest du deinen Vater und mich so enttäuschen?"
„Soll das ein Witz sein?" Steffie starrte Tracy entgeistert an.
„Ganz im Gegenteil. Ein paar Minuten lang hatte Belinda mächtigen Ärger, das kannst du mir glauben!"
Steffie schüttelte ungläubig den Kopf.
„Aber nur ein paar Minuten lang", stimmte Belinda Tracy fröhlich zu. „Dann stieg mein Dad aus dem Wagen und verlangte, dass wir drei hinten einsteigen. Dann hat er alle zu seinem Lieblings-Italiener eingeladen; Hollys ganze Familie und Tracys Mutter auch." Bei der Erinnerung daran breitete sich ein Lächeln auf ihrem Gesicht aus. „Wir sind also in die Autos gesprungen und haben in Pizza geschwelgt ..."
„Und Eis!", fügte Tracy hinzu.
„Schokoladeneis!", bekräftigte Holly.
Belinda seufzte. „Und dann lebten sie glücklich und zufrieden bis an ihr Lebensende ..."
Holly und Tracy grinsten. „Oh nein, nur bis zum nächsten Mal!"
„Es wird kein nächstes Mal geben!", verkündete Belinda entschieden. „Keine zehn Pferde bringen mich zurück nach Butterpike Hall!"
„Sie meinte, bis zu unserem nächsten Fall, stimmt's nicht, Tracy?" Holly musste lachen. „Wir werden glücklich und zufrieden leben – aber nur, bis wir wieder einen neuen Fall haben!"

Mystery Club Band 14:
Abenteuer in Schottland

Auch im nächsten Band erleben Holly, Belinda und Tracy wieder ein spannendes Abenteuer. Auf den folgenden Seiten kannst du das erste Kapitel lesen:

„Ich bin mir nicht so sicher, ob das gut geht", sagte Mrs Adams, während sie auf Hollys Koffer saß und versuchte ihn zu schließen. Sie grinste ihre Tochter an. „Euch drei ohne Aufsicht auf Schottland loszulassen."
Holly strich ihre hellbraunen Haare hinter die Ohren. Ihre intelligenten grauen Augen leuchteten. „Wir werden schon klarkommen", sagte sie.
Mrs Adams lachte atemlos, als der Koffer zuschnappte. „Um euch drei mache ich mir gar keine Sorgen, ich dachte eher an die anderen Leute in Schottland!"
„Da könnte man ja glauben, wir wären gemeingefährlich!", sagte Holly. „Außerdem", fuhr sie fort und packte ein Buch in ihre Umhängetasche, „sind wir doch unter Aufsicht, oder? Christina McKetchnie wird sich um uns kümmern."
„Das will ich hoffen", sagte Mrs Adams. „Aber Tracys Mutter meinte, Christina werde alle Hände voll zu tun haben mit der Organisation dieses Benefizkonzerts."

„Na, siehst du", sagte Holly, nahm noch ein Buch aus dem Regal und stopfte es in die ohnehin schon überfüllte Umhängetasche. „Wir werden so beschäftigt sein, ihr zu helfen, dass wir gar keine Zeit haben etwas anzustellen."
„Holly!", sagte Mrs Adams. „Musst du wirklich alle deine Bücher mitnehmen? Ihr seid doch nur eine Woche weg, um Himmels willen."
Widerwillig stellte Holly das Buch zurück ins Regal.
Die drei Mitglieder des Mystery Clubs waren eingeladen worden, die Ferien in einem Gästehaus in Schottland zu verbringen, in einem Ort mit dem romantischen Namen Angel Bay, am Ufer des Loch Evayne.
„Seid ihr endlich fertig?", rief Mr Adams die Treppe rauf. „Wir müssen auch noch Tracy und Belinda abholen und rechtzeitig in York sein, damit die Mädels den Zug nicht verpassen! Wie wär's, wenn ihr euch ein bisschen beeilt?"
„Wir kommen schon", rief Mrs Adams.

Wenig später stand Mr Adams vor dem Haus der Fosters und hupte. Tracy Foster stürmte mit fliegenden blonden Haaren und einem fröhlichen Lachen im Gesicht den Weg hinunter. Dann holten sie Belinda ab.
„Oh Belinda", seufzte Tracy, als Belinda sich neben die anderen auf die Rückbank quetschte. Ihre Haare waren wie immer ein totales Wirrwarr, und sie sah noch sehr verschlafen aus.
„Was ist?", fragte Belinda.
„Wir fahren in die Ferien", sagte Tracy. „Hättest du nicht was anderes anziehen können?"

Belinda sah an ihrem ausgebeulten grünen Pulli und den verwaschenen Jeans hinunter.
„Ich habe Ferien, stimmt's?", sagte Belinda.
„Stimmt", meinte Tracy.
„Also kann ich anziehen, wozu ich Lust habe, okay?", sagte Belinda.
„Meinetwegen", seufzte Tracy.
„Gut!", sagte Belinda, setzte sich auf dem Rücksitz des Adams'schen Landrovers zurecht und zog eine Tafel Schokolade aus der Tasche. „Ende der Unterhaltung!"

Die einwöchige Ferienreise ins Bay View Cottage hatte sich völlig überraschend ergeben. Tracys Mutter hatte mit ihrem alten Schulfreund Bruce McKetchnie telefoniert, und dabei hatte dieser erwähnt, dass das Gästehaus, das seine Eltern in Schottland führten, eine Woche leer stehen würde. Und dies war zufällig eine Woche, in der die Mädchen schulfrei hatten. Das Ganze war zu kurzfristig, als dass die Eltern der Mädchen hätten Urlaub nehmen können, und so hatte man sich geeinigt, dass sie allein nach Schottland fahren würden und sich dort Bruces Mutter, Christina McKetchnie, um sie kümmern würde. Nach ein paar Telefonaten war alles arrangiert. Mrs McKetchnie freute sich auf die Mädchen, obwohl das sicher nur der Fall war – wie Hollys Mutter in ihrer gewohnten trockenen Art bemerkte – weil sie die Mädchen noch nicht kannte. Mrs McKetchnie wusste ja nicht, dass Holly, Tracy und Belinda ständig in Kriminalfälle verwickelt waren.

Auf der Zugfahrt nach Schottland besprachen die drei

Freundinnen schon aufgeregt, was sie alles machen würden, wenn sie dort wären. In Glasgow mussten sie in einen anderen Zug umsteigen, der sie das letzte Stück ihrer Reise bis ins kleine Dorf Glenroch bringen würde. Die Landschaft war atemberaubend. Holly war noch nie in Schottland gewesen, und als der Zug in Richtung Westküste hinauffratterte, betrachtete sie ehrfurchtsvoll die hoch aufragenden Felsen, die sich auf allen Seiten erhoben. Die Berge waren riesig. Sie türmten sich hoch über ihnen auf, hoben sich mit baumbestandenen oder kahlen, felsigen Hängen in den klaren blauen Himmel. Auf einigen der höheren Berge lag noch Schnee – wie weiße Farbspritzer vom Pinsel eines Riesen.
„Wir können bergsteigen gehen", sagte Tracy, die mit leuchtenden Augen aus dem Fenster sah.
„Du kannst bergsteigen gehen, meinst du wohl", erwiderte Belinda und beäugte die gewaltigen Bergspitzen. „Mich kriegt ihr auf keinen Berg rauf. Die sind ja größer als ich."
Holly lachte. „Schließlich sind sie auch älter als du", sagte sie. „Und außerdem heißen sie nicht Berge, sondern Munros." Sie wedelte mit einem Touristenprospekt. „Hier steht's drin."
Belinda lehnte sich gemütlich in ihrem Sitz zurück. „Ich gehe auch nicht munrosteigen", sagte sie. „Das hier sind Ferien und kein Überlebenstraining. Hat noch jemand was zu essen?"
Der Zug fuhr in Glenroch ein, die Mädchen stiegen aus und schleppten dann ihre Koffer zum kiesbestreuten Parkplatz vor dem Bahnhof.
Glenroch war eigentlich noch nicht einmal ein Dorf, es

war nur eine kleine Ansammlung von Häusern und Läden an der Straße, die am unteren Ende von Loch Evayne entlang zur Küste führte.
„Puh!", sagte Tracy, als sie das verschlafene, von Bergen umschlossene Nest grauer und weißer Gebäude sah. „Das nennt man dann wohl abgelegen!"
In der Nähe parkte ein Auto, und schon als die drei Mädchen ihre Koffer auf den Kies plumpsen ließen, öffnete sich die Autotür, und eine Frau stieg aus.
„Tante Christina!", rief Tracy und lief auf die lachende Frau zu, um sie zu umarmen. „Wie schön, dich wieder zu sehen!"
„Dich auch, Tracy", sagte Christina. „Es muss ganze drei Jahre her sein, seit wir bei euch zu Besuch waren. Und bitte nicht diesen Tanten-Schwachsinn, wenn es dir nichts ausmacht. Sonst fühle ich mich so alt!" Sie lächelte. „Ihr könnt mich alle Christina nennen."
Tracy hatte ihren zwei Freundinnen erklärt, woher sie die McKetchnies kannte. Bruce McKetchnie war mit Tracys Mutter befreundet gewesen, noch bevor sie Tracys amerikanischen Vater kennen gelernt und mit ihm nach Kalifornien gezogen war. Tracy war in Amerika geboren worden, aber die Ehe der Fosters war in die Brüche gegangen, und Mrs Foster war in ihre Heimat zurückgekehrt, wo sie bald erfuhr, dass Bruce in London arbeitete und dass seine Eltern die Leitung eines Gästehauses in Schottland übernommen hatten. Tracy hatte die McKetchnies kurz nach ihrer Rückkehr nach Yorkshire vor drei Jahren kennen gelernt.
Holly und Belinda hielten sich lächelnd im Hintergrund und warteten darauf, dass Tracy sie vorstellte. Christina

sah etwa wie Mitte fünfzig aus. Sie hatte graublondes, schick geschnittenes Haar und ein fröhliches, jung wirkendes Gesicht. Sie trug ein hübsches, geblümtes Kostüm und hatte schmutzige Halbschuhe an den Füßen.
„Alles in allem", dachte Holly, „sieht sie freundlich aus und wie jemand, der mit beiden Beinen im Leben steht. Genau so, als könne sie wunderbar ein viel besuchtes Gästehaus leiten." Holly mochte sie sofort.
Christina führte sie zum Auto und fuhr los, die enge, unbefestigte Straße entlang, die von der Hauptstraße abzweigte und an der weiten, silbrigen Fläche von Loch Evayne entlangführte.
„Ich fürchte, ihr werdet euch die meiste Zeit allein beschäftigen müssen, obwohl ich natürlich da bin, falls ihr mich braucht", sagte sie. „Mein Mann, John, ist für ein paar Wochen oben in Aberdeen, und ich bin dabei, ein Benefizkonzert in Glenroch zu organisieren. Aber es gibt hier eine Menge zu unternehmen, wenn man gerne auf dem Land ist." Sie lächelte mit strahlenden Augen in die Runde. „Wenn ihr jedoch auf ein Nachtleben gehofft habt, muss ich euch leider enttäuschen. Die nächste Disko ist siebzig Kilometer entfernt."
„Das passt mir gut", sagte Belinda. „Gibt es hier Pferde?"
„Nein, leider nicht", sagte Christina. „Aber es gibt Hirsche und Rehe. Und einen alten Stier, Max, der auf einem Feld in der Nähe steht."
„Na prima", sagte Tracy. „Wie wär's mit einem bisschen Stierreiten, wenn du schon mal hier bist, Belinda?"
„Du fängst ihn ein, dann reit ich ihn", sagte Belinda.
Christina lachte. „Ich sehe schon, ihr werdet keine

Probleme haben, euch hier zu amüsieren", sagte sie. „Aber von Max würde ich mich an eurer Stelle fern halten. Er ist ein übellauniger alter Bursche."
Holly guckte aus dem Fenster und betrachtete voller Freude die Umgebung. Schilfrohr wuchs dicht an dicht auf einer Seite des schmalen Weges und verdeckte das Ufer des lang gestreckten Lochs. Auf der anderen Seite waren Wald und Wiesen. Als sie sich umsah, entdeckte sie durch die Bäume die Kaminschornsteine und das steile Dach eines großen Gebäudes.
„Ist das Ihr Haus?", fragte sie.
„Um Himmels willen, nein", sagte Christina. „Das ist das Angel Hotel. Bay View ist nur ein kleines Häuschen. Aber es ist fast dreihundert Jahre alt, falls euch so was interessiert."
„Falls?", dachte Holly. „Da gibt es kein ,falls'!" Je älter ein Haus war, desto geheimnisvoller war es Hollys Meinung nach. Und je geheimnisvoller es war, desto besser gefiel es ihr.
Nach einer kurzen Fahrt kamen sie über eine schmale Holzbrücke und auf eine offene Grasfläche. Das Häuschen Bay View lag weiß und ruhig hinter einer Mauer aus Feldsteinen. Es war ein lang gestrecktes, niedriges Steinhaus.
Die drei Mädchen wurden von einem Golden Retriever stürmisch begrüßt.
„Das ist Rosie", sagte Christina. „Wie ihr merken werdet, sorgt sie hier für Ordnung. Rosie! Platz!" Christina sah Holly entschuldigend an, als die Hündin voller Freude an ihr hochsprang. „Sie ist so schrecklich aufgeregt, fürchte ich. Rosie! Ich warne dich!"

„Das macht nichts", sagte Holly mit einem Lachen, als Rosie sie fast umschmiss. „Ich mag Hunde."
Christina zeigte ihnen ihre Zimmer im Obergeschoss. Holly und Belinda bekamen jede ein kleines, hübsch eingerichtetes Zimmer mit Kiefernmöbeln und einem Einzelbett. Tracy bekam das dritte Gästezimmer – ein größerer Raum mit einem Doppelbett.
Schnell packten die drei Mädchen ihre Sachen aus und riefen zu Hause an, um ihre Eltern wissen zu lassen, dass sie heil angekommen waren. Danach gingen sie das kleine Stück Wiese zum Ufer des Loch Evayne hinunter. An dieser Stelle war eine kleine Bucht mit einem sandigen Strand voller Algen. Auf der anderen Seite der breiten Fläche des Lochs erhoben sich hoheitsvoll die Berge mit ihren grünen, grauen und braunen Hängen.
Tracy spielte mit Rosie „Stöckchen holen", aber Holly und Belinda streckten sich lieber auf ihren Handtüchern aus, um sich von der langen Zugfahrt zu erholen.
Holly betrachtete glücklich die dahintreibenden Bänder dünner Sommerwolken, als Christinas Stimme sie aus ihrem Traum riss.
„Rosie! Gutes Mädchen! Bei Fuß!"
Holly lächelte und streckte sich faul im Sand. Die Sonne schien grell über den Bergen und brachte auf der Wasserfläche zu ihren Füßen die kleinen Wellen zum Glitzern. Rosie raste an den Handtüchern vorbei.
Belinda prustete und setzte sich auf, als sie eine Ladung Wasserspritzer abbekam.
„Irgendjemand hat Rosie ermuntert, ins Wasser zu gehen, wie ich sehe", sagte Christina, als Tracy auf sie zurannte. „Ich habe ganz vergessen, euch die Hausregel

mitzuteilen. Jeder, der Rosie in den See lockt, muss sie hinterher baden."

„Oh, Entschuldigung", sagte Tracy. „Das wusste ich nicht."

Christina lachte. „Das war nur ein Scherz", sagte sie. „Rosie braucht keine Ermunterung, um ins Wasser zu gehen. Aber es wäre nett, wenn ihr darauf achtet, dass sie nicht ins Haus kommt, bis sie ein bisschen trockener geworden ist. Ich habe ein paar Sandwiches gemacht, falls jemand Hunger hat."

Die drei Mädchen sammelten ihre Handtücher ein und folgten Christina ins Haus.

„Das ist das Esszimmer", sagte Christina und zeigte in einen Raum mit einem langen Tisch. „Aber ich habe die Sandwiches in den Aufenthaltsraum gebracht. Da findet ihr auch ein paar Karten und Führer für die Gegend hier."

Der Aufenthaltsraum war wie alle anderen Räume im Haus klein und gemütlich und sah aus, als sei er erst vor kurzem neu eingerichtet worden.

Belinda ließ sich in einen Sessel fallen und fiel über die Sandwiches her, während Holly und Tracy sich die Prospekte und Broschüren ansahen, die Christina für sie hingelegt hatte. Durchs Fenster konnten sie Rosie sehen, die durch den Garten raste und Schmetterlinge jagte.

Holly klappte eine Karte auf. Sie zeigte die zerklüftete Westküste und ein mit Inseln gesprenkeltes Meer. Loch Evayne stieß wie ein langer, gebogener Finger ins Land, etwa zwanzig Kilometer lang.

„Ist das Loch sehr tief?", fragte sie.

„In der Mitte schon", sagte Christina. „Alle Lochs sind

tief. Deswegen gibt es Legenden wie die vom Monster von Loch Ness – weil niemand wirklich weiß, wie es da unten in der Tiefe aussieht. Loch Ness ist an einigen Stellen fast 230 Meter tief."

„Ein Loch-Evayne-Monster gibt es wahrscheinlich nicht, oder?", fragte Tracy. „Ich würde sehr gern ein paar Fotos von einem echten Monster machen. Wir könnten sie in die Schülerzeitung bringen, stimmt's, Holly? ‚Neues Monster in einem schottischen Loch entdeckt.'"

„Wenn es eins gibt, hat es sich bisher schön versteckt gehalten", sagte Christina. „Aber andere Legenden haben wir durchaus auch. Geschichten von merkwürdigen Wesen oben in den Bergen. Und seltsame, gespenstische Dinge, die einsamen Wanderern in der Dämmerung begegnet sind."

Holly spitzte die Ohren. „Was für Dinge?", fragte sie.

Christina grinste. „Einige Leute haben berichtet, ein behaartes Wesen oben in den Felsen gesehen zu haben. Niemand hat es je fotografiert, aber der Geschichte nach ist es ein Werwolf."

Belinda hörte auf zu kauen und machte runde Augen. „Ein Werwolf? Mann, das reicht. Ich werde nicht in die Berge gehen."

„Du bist ein Angsthase", sagte Tracy. Sie sah Christina gespannt an. „Was noch?"

„Da gibt es die Geschichte von dem verschwundenen Jungen", erzählte Christina. „Ein junger Bursche, der vor langer Zeit oben in den Bergen umgekommen ist. Manchmal taucht er dort auf und bietet den Leuten Wasser aus einer Lederflasche an. Und wenn sie daraus trinken, werden sie an seltsame, wilde Plätze verschleppt und bleiben für immer verschwunden."

„Es ist also im Allgemeinen nicht zu empfehlen, von Leuten Wasser anzunehmen, die man oben in den Bergen trifft, nehme ich an", sagte Holly. „Besonders nicht von jungen Männern."

„Moment mal", sagte Belinda. „Wenn diese Leute verschwinden und niemals wieder gesehen werden, woher weiß man dann, dass sie den verschwundenen Jungen getroffen haben?"

„Weil ein Mann entkam und die Geschichte weitererzählt hat", sagte Christina mit einem finsteren Lächeln.

„Das ist ein Märchen", sagte Belinda grinsend. „Ich glaub kein Wort."

„Das sagen sie alle", meinte Christina. „Bis ihnen der Werwolf begegnet oder der verschwundene Junge. Ich sage nicht, dass es wahr ist. Ich warne euch nur. Und ich habe euch noch nicht von der Callach Vair erzählt – der Alten Frau aus den Hügeln."

„Was bietet sie den Leuten an?", fragte Belinda. „Gespenstertee und Phantomkekse?"

Christina lachte. „Sie bietet überhaupt nichts an", sagte sie. „Sie ist vor Urzeiten zu Stein erstarrt. Ihr könnt sie allein in den Hügeln stehen sehen als eine Warnung für alle, die dort vorbeigehen."

Die drei Mädchen hörten gebannt zu, als Christina ihnen noch mehr Legenden der abgelegenen Berggegenden rund um Loch Evayne erzählte. Von dem alten Clansmann, der in den nebelverhangenen oberen Hängen herumspukte und mit einem Langschwert in der einen und dem abgeschlagenen Kopf eines Engländers in der anderen Hand den Fußweg versperrte. Von dem gespenstischen Lord of Weir, dessen unheimliches Dudelsackspiel unvorsichtige Wanderer auf das Phantomschloss Castle of Weir hoch oben auf dem Ben Cruachan lockte. Und von einer ganzen Familie von Kannibalengespenstern, die in einer Höhle hoch oben in den Bergen lebten und sich vom Fleisch verschwundener Wanderer ernährten.

Am Schluss lachte Christina und klatschte in die Hände, sodass sie den Bann ihrer Erzählungen wieder brach. „So, nun könnt ihr nicht behaupten, ihr wärt nicht gewarnt worden", sagte sie. „Aber wenn ihr auch nur einen einzigen dieser Leute trefft, wäre das mehr, als ich je erlebt habe – und ich wohne hier nun schon seit über fünfzehn Jahren."

„Lasst uns eine Geisterjagd veranstalten", schlug Holly vor. „Ich will all die Orte, die Sie erwähnt haben, besichtigen. Ich könnte im nächsten Schuljahr einen großartigen Bericht in der Schülerzeitung schreiben."

„Für heute ist es ein bisschen spät, in den Bergen herumzulaufen", sagte Christina. „Ihr wärt vor Einbruch der Dunkelheit noch nicht mal in den Hügeln. Und wenn ihr eine echte Erkundungstour in den Bergen machen wollt, werdet ihr einen Führer brauchen. All die Spukgeschichten, die ich euch erzählt habe, sind vielleicht nicht wahr, aber man kann sich dort oben trotzdem verlaufen – und ich glaube nicht, dass euch eine Nacht in den Bergen Spaß machen würde. Wenn der Nebel fällt, wisst ihr innerhalb von Minuten nicht mehr, wo ihr seid." Sie lächelte. „Aber wenn ihr vor dem Abendessen noch einen Streifzug unternehmen wollt,

könnt ihr ja noch ein bisschen den Wald erkunden. Das sollte euch helfen, Appetit zu entwickeln."
„Ich muss eigentlich keinen Appetit entwickeln", sagte Belinda. „Mein Appetit scheint sich ganz von alleine und ohne meine Hilfe zu entwickeln."
„Sei nicht so faul", sagte Tracy und sprang auf. „Hand hoch, wer einen Spaziergang machen will."
Holly und Tracy hoben die Hand.
„Du bist überstimmt", sagte Tracy und zog Belinda aus ihrem bequemen Sessel.
„Okay, okay", sagte Belinda. „Aber wenn ich da draußen irgendwas Seltsames sehe, werde ich dafür sorgen, dass es euch zuerst erwischt."
„Keine Angst", sagte Christina. „Von irgendwelchen seltsamen Geschehnissen hier unten habe ich noch nie gehört. Unsere örtlichen Dämonen scheinen die Wildnis der Berggipfel zu bevorzugen. Ihr habt eine Stunde Zeit bis zum Abendessen."
„Ich werd euch führen", sagte Tracy. „Mein Orientierungssinn ist fabelhaft."
„Seit wann das?", fragte Belinda.
„Ich war schon immer gut darin, den Weg zu finden", sagte Tracy, als die drei aus der Haustür traten und ihnen eine kühle Brise vom Loch entgegenwehte.
„Schnuppert doch mal diese Luft!", sagte Holly und holte tief Atem. „Ist das nicht herrlich? Wo gehen wir lang?"
Belinda kreuzte die Arme und zeigte in zwei verschiedene Richtungen. „Da lang", sagte sie.
„Hier lang", sagte Tracy, verließ den Weg und ging auf ein paar Bäume zu.

„Nicht vergessen", rief Christina ihnen hinterher, „Abendessen gibt's in einer Stunde."
Tracy führte ihre zwei Freundinnen in den Wald.
Holly sah auf ihre Uhr. „Wenn wir eine halbe Stunde lang in diese Richtung gehen", sagte sie, „und dann umkehren und unsere Fußspuren zurückverfolgen, dann sind wir genau zum Essen zurück."
Sie liefen eine Weile nebeneinander durch die kühlen, dunklen Schatten der Bäume und besprachen ihre Pläne für die Woche. Dann blieb Tracy plötzlich stehen, und Belinda lief fast von hinten in sie rein.
„Tracy", rief Belinda und rückte ihre Brille wieder gerade. „Was soll das!"
„Pst! Guckt mal!", wisperte Tracy.
„Was ist da?", sagte Belinda und lugte ihrer Freundin über die Schulter. „Ein Werwolf?"
„Nein. Kaninchen", sagte Tracy.
Die drei Mädchen verstummten. Ein kleines Stück vor ihnen konnten sie drei oder vier kleine, braune Tiere durchs Unterholz hoppeln sehen.
„Da muss ein Bau ganz in der Nähe sein", wisperte Holly. „Nicht bewegen, sonst erschreckt ihr sie."
Aber es war schon zu spät. Die Kaninchen hoben ihre kleinen Köpfe und schienen zu lauschen, ihre Nasen schnupperten. Eine Sekunde später sah man ihre weißen Wattebausch-Schwänzchen aufblitzen, als sie davonhoppelten und verschwanden. Tracy legte den Finger an die Lippen und kroch ihnen hinterher.
„Sollten wir nicht umkehren?", fragte Belinda zehn Minuten später. Von den Kaninchen war nichts mehr zu sehen.

„Tracy", sagte Holly, „sie hat Recht. Wir sind schon über eine halbe Stunde unterwegs. Lass uns umkehren."
„Oh, okay", seufzte Tracy. „Vielleicht finden wir den Bau ein andermal."
Sie verfolgten ihre Fußspuren zurück.
Holly sah besorgt auf ihre Uhr. „Bist du sicher, dass dieser Weg der richtige ist?", fragte sie Tracy einige Minuten später.
„Natürlich bin ich das", sagte Tracy. Ihr amerikanischer Akzent war auf einmal viel deutlicher, wie immer, wenn sie aufgeregt oder besorgt war.
Belinda blieb stehen und stemmte die Arme in die Hüften. „Wir haben uns verlaufen, stimmt's?", sagte sie. „Ich wusste, dass das passieren würde, wenn wir uns von Tracy führen lassen."
„Wir haben uns nicht verlaufen", sagte Tracy. „Ich weiß nur nicht genau, wo wir sind."
Belinda starrte sie an. „Wo liegt der Unterschied?"
„Es ist ein großer Unterschied, ob man sich total verlaufen hat oder ob man momentan nicht weiß, wo man lang muss", sagte Tracy.
„Wir sollten in Richtung Loch gehen", meinte Holly. „Ganz einfach."
„Und welche Richtung wäre das?", fragte Belinda.
„Öh ..." Holly linste durch die Bäume. „Da lang?"
„Nein, da lang", beharrte Tracy und zeigte in eine andere Richtung.
„Super", sagte Belinda. „Na klasse."
„Was war das für ein Geräusch?", fragte Holly.
Sie hörten es alle. Ein leise raschelndes Geräusch, als ob jemand – oder etwas – ganz in ihrer Nähe heimlich

durch die Büsche schlich. Holly standen die Haare zu Berge, als sie sich an Christinas Gruselgeschichten erinnerte.

Die drei Mädchen rückten näher zusammen. Alle fühlten mit Unbehagen, dass sich die Atmosphäre im Wald geändert hatte. Es war, als ob der Wald wachsam geworden wäre.

„Ich würde jetzt ganz gerne hier abhauen", murmelte Belinda.

„Es war wahrscheinlich nur ein Tier", sagte Tracy. „Ein Reh oder so was. Könnt ihr was sehen?"

„Nein", sagte Holly und sah angestrengt in das Gewirr von Büschen und Bäumen, das sie umgab.

Dann hörten sie wieder ein Rascheln – aus noch näherer Entfernung, und Holly meinte, sie hätte aus den Augenwinkeln eine Bewegung gesehen.

„Wir wissen, dass Sie da sind", rief Tracy. „Kommen Sie raus. Uns jagen Sie keine Angst ein."

Es ertönte ein tiefes Knurren. Den drei Mädchen blieb fast das Herz stehen, als ein großes Gebüsch raschelte und anfing sich hin- und herzubewegen. Mit einem unterdrückten Schrei drehte Belinda sich um und floh. Holly und Tracy starrten sich eine Sekunde lang an, bevor auch sie die Flucht ergriffen. Als sie stolpernd und keuchend durch den dichten Wald rannten, war Holly sich sicher, dass sie das Geräusch von Schritten hörte, die ihnen folgten.